（日）五十岚太郎 著
储金爽 译

现代日本建筑家列传

他们是如何影响社会的

辽宁科学技术出版社
· 沈阳 ·

现代日本建筑家列传
Gendai Nihon Kenchikuka Retsuden
By Tarou Igarashi
Copyright © Tarou Igarashi 2011
All rights reserved.
First published in Japan in 2011 by KAWADE SHOBO SHINSHA Ltd. Publishers Simplified
Chinese translation rights arranged with KAWADE SHOBO SHINSHA Ltd. Publishers
through CREEK & RIVER Co., Ltd. and CREEK & RIVER SHANGHAI Co., Ltd.

©2019辽宁科学技术出版社
著作权合同登记号：第06-2018-89号。

图书在版编目（CIP）数据

现代日本建筑家列传 /（日）五十岚太郎著 ; 储金
爽译 . — 沈阳 : 辽宁科学技术出版社 , 2019.11
　ISBN 978-7-5591-1102-9

　Ⅰ . ①现… Ⅱ . ①五… ②储… Ⅲ . ①建筑师—列传
—日本—现代 Ⅳ . ① K833.136.16

中国版本图书馆 CIP 数据核字（2019）第 045194 号

出版发行：辽宁科学技术出版社
　　　　　（地址：沈阳市和平区十一纬路 25 号 邮编：110003）
印 刷 者：辽宁新华印务有限公司
经 销 者：各地新华书店
幅面尺寸：145mm×210mm
印　　张：10
字　　数：210 千字
出版时间：2019 年 11 月第 1 版
印刷时间：2019 年 11 月第 1 次印刷
责任编辑：鄢　格
封面设计：关木子
版式设计：李　莹
责任校对：周　文

书　　　号：ISBN 978-7-5591-1102-9
定　　　价：58.00 元

联系电话：024-23280070
邮购热线：024-23284502
http://www.lnkj.com.cn

前言——关于谱系图

本书为现代日本的建筑家列传。

从20世纪10年代出生的丹下健三，到70年代出生的石上纯也，本书将不同年代的建筑家进行分组，分五章加以介绍。第一章中的《丹下健三——国民建筑家》描写了战争时期的社会动向，并针对代表战后日本的建筑家的诞生背景进行了论述。由此，揭开了本书的序幕。其后，从焦土的风景出发，介绍了经历了经济高度增长时期的矶崎新与黑川纪章，在萧条的20世纪70年代沉着地蓄养力量的安藤忠雄、伊东丰雄及坂本一成，在泡沫经济时期崭露头角的隈研吾与妹岛和世，阪神大地震与泡沫经济破灭后开始脱颖而出的犬吠工作室与阿部仁史，以及在21世纪登上建筑舞台的新一代建筑家。因此，阅读本书，可以得知战后的日本社会与日本建筑家的活动之间的关联。在笔者的《新宗教与巨大建筑》（筑摩书房）、《战争与建筑》（晶文社）、《过防备都市》（中央公论新社）、《建筑与社会之间的关系》（彩流社）等著作中，虽然主题不同，但对于建筑与社会之间的关联这一问题的关注，自始至终从未改变。

本书各章的标题如下所示：

第一章 穿越焦土的风景 1910—1939年生，第二章 从封闭的箱体到开放的空间 1940—1949年生，第三章 轻盈透明的建筑的诞生 1950—1959年生，第四章 柔缓解读环境与形势 1960—1969年生，第五章 全球化还是加拉帕戈斯化 1970—1979年生。

在阅读本书时，请一并参考第6、7页所示的谱系图。该谱系图始于明治时代从外国招聘到日本的建筑家约西亚·肯德尔，是一幅关于近代以后日本建筑家之间关联的图示。比如，追溯20世纪下半叶的轨迹，我们可以从图中看到从丹下健三研究室登场的矶崎新，从矶崎新工作室独立出来的八束初、渡边真理、渡边诚及青木淳，从青木事务所中崭露头角的乾久美子、永山祐子及中村竜治。由于本书页数的限制，很难将所有重要建筑家的观点收录其中，很难对所有建筑家一一论及，因此笔者也希望可以通过谱系图来补充正文中未能提到的一些信息。该简图基本上基于大学或设计事务所中的师徒关系绘制而成。很多时候，弟子的创作会受到老师的影响，当然也有的弟子的创作动机会逆行于老师的理论，产生了与其相反的设计作品。总之，在这些建筑家中，既没经过大学的学习，也没在某个建筑事务所实践，就直接创办了自己的事务所的，除安藤忠雄外还极为少有。即使是在美术或文学等领域，也深受师徒关系的影响。

本书收录的许多观点是以建筑家及室内设计师的作品集（饭岛直树、远藤秀平、藤本壮介等）以及海外杂志及书籍上的记载（黑川纪章、藤森照信、西泽立卫、手冢建筑研究所等）为基础，并加入了其他原稿及报纸中的作品评论，对每个建筑家的介绍都尽可能地作了扩充。在此，也要感谢相关的原始作者。考虑到外国读者，本书还增加了一些篇幅，对与建筑家及其思想有关的基本事项和社会背景进行了说明。同时，也更利于非建筑专业的读者去理解本书的内容。如果本书能够对大家理解这些在世界上享有盛名的现代日本建筑家有些许帮助，我将十分欣慰并深感荣幸。另外，有赖于河出书房新社的藤崎宽之的建议与对本书的编辑工作，《现代日本建筑家列传》作为河出书房的一册图书得以诞生。借此契机，我想献上我深深的谢意。

五十岚太郎

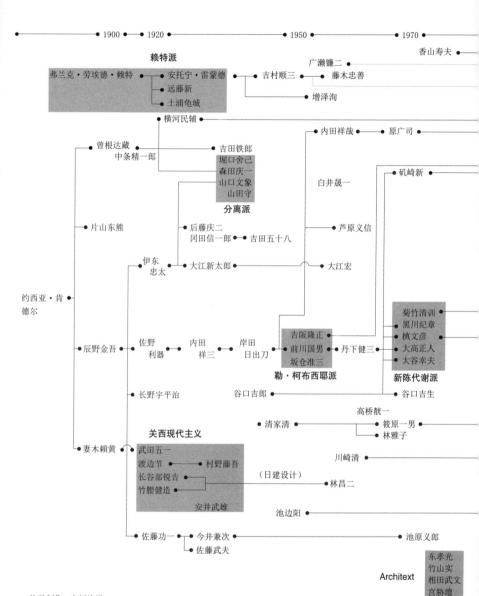

1900　　1920　　1950　　1970

赖特派

弗兰克·劳埃德·赖特　安托宁·雷蒙德　吉村顺三　广濑镰二　香山寿夫
远藤新　　　　　　　　　　　藤木忠善
土浦龟城　　　　　　　增泽洵

横河民辅　　　　内田祥哉　原广司

曾根达藏　　　吉田铁郎
中条精一郎　　堀口舍己　　　　　　　矶崎新
　　　　　　　森田庆一　白井晟一
　　　　　　　山口文象
　　　　　　　山田守

分离派

片山东熊　　　后藤庆二　　　　　　芦原义信
　　　　　　　冈田信一郎　吉田五十八

伊东　　　　　大江新太郎　　　　大江宏
忠太

约西亚·肯　　　　　　　　　　　　菊竹清训
德尔　　　　　　　　　　　　　　　黑川纪章
　　　　　　佐野　　内田　　岸田　吉阪隆正　　　槇文彦
辰野金吾　　利器　　祥三　　日出刀　前川国男　丹下健三　大高正人
　　　　　　　　　　　　　　　　坂仓准三　　　　大谷幸夫

勒·柯布西耶派　　新陈代谢派

长野宇平治　　谷口吉郎　　　　谷口吉生

　　　　　　　　　　　　高桥靗一
　　　　　　　　清家清　　　　筱原一男
关西现代主义　　　　　　　　　林雅子

妻木赖黄　　武田五一　　　　　川崎清
　　　　　　渡边节　　村野藤吾
　　　　　　长谷部锐吉　　　　（日建设计）　林昌二
　　　　　　竹腰健造

　　　　　　安井武雄　　　　　池边阳

佐藤功一　　今井兼次　　　　　　　池原义郎
　　　　　　佐藤武夫

　　　　　　　　　　　　　　　　Architext

　　　　　　　　　　　　　　　　东孝光
　　　　　　　　　　　　　　　　竹山实
协助制作●市川纮司　　　　　　　相田武文
图版设计●神保由香　　　　　　　宫胁壇

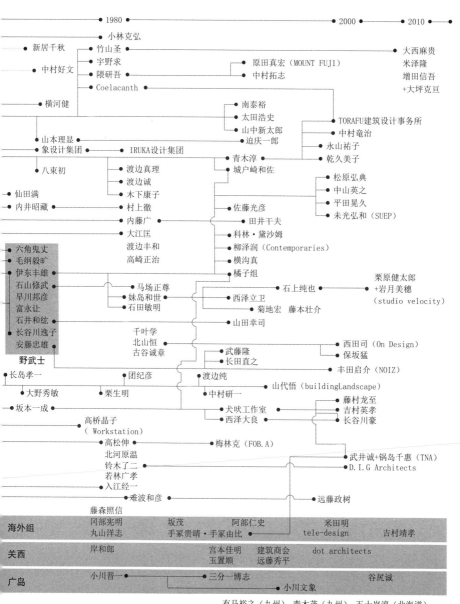

1980　2000　2010

小林克弘

新居千秋　竹山圣　大西麻贵
宇野求　原田真宏（MOUNT FUJI）　米泽隆
中村好文　隈研吾　中村拓志　增田信吾
Coelacanth　+大坪克亘

横河健　南泰裕
太田浩史　TORAFU建筑设计事务所
山中新太郎　中村竜治
山本理显　迫庆一郎　永山祐子
象设计集团　IRUKA设计集团　青木淳　乾久美子
八束初　城户崎和佐　松原弘典
渡边真理　中山英之
仙田满　渡边诚　佐藤光彦　平田晃久
内井昭藏　木下康子　田井干夫　未光弘和（SUEP）
村上彻　科林·黛沙姆
内藤广　柳泽润（Contemporaries）
大江匡　横沟真
渡边丰和　橘子组
高崎正治　栗原健太郎
六角鬼丈　马场正尊　石上纯也　+岩月美穗
毛纲毅旷　妹岛和世　西泽立卫　（studio velocity）
伊东丰雄　石田敏明　菊地宏　藤本壮介
石山修武　山田幸司
早川邦彦　千叶学　西田司（On Design）
富永让　北山恒　武藤隆　保坂猛
石井和纮　古谷诚章　长田直之　丰田启介（NOIZ）
长谷川逸子　渡边纯
安藤忠雄　山代悟（buildingLandscape）
野武士　团纪彦　中村研一
长岛孝一　栗生明　藤村龙至
大野秀敏　犬吠工作室　吉村英孝
坂本一成　西泽大良　长谷川豪
高桥晶子
（Workstation）
高松伸　梅林克（FOB.A）
北河原温　武井诚+锅岛千惠（TNA）
铃木了二　D.I.G Architects
若林广孝
入江经一
难波和彦　远藤政树
藤森照信

海外组　冈部宪明　坂茂　阿部仁史　米田明　吉村靖孝
丸山洋志　手冢贵晴·手冢由比　tele-design

关西　岸和郎　宫本佳明　建筑商会　dot architects
玉置顺　远藤秀平

广岛　小川晋一　三分一博志　谷尻诚
小川文象

有马裕之（九州）　青木茂（九州）　五十岚淳（北海道）

目录

第一章 穿越焦土的风景

1910—1939年生

丹下健三

国民建筑家

帝冠样式建筑：东京国立博物馆 [作者摄影]

战争时期的现实主义

为庆祝日本纪元2600年大典，原计划于1940年举办的东京奥林匹克运动会和万国博览会，受战争时期的一系列措施影响，被迫取消。那么，在这场本应举办的盛典中，原本构思的建筑设计又是怎样的呢？1937年，日本举办了万国博览会和建国纪念馆设计竞赛，竞赛规定"建筑设计应庄严、宏伟，象征日本精神"。其中，在建筑上部构建神社造型的设计构思获得了一等奖。大型建筑的近代建造技术与近代以前的外观设计在此得到了融合。

近代日本建筑中的民族主义普遍表现在其帝冠样式上，这种建筑构思受到了批判。战后，建筑历史研究家关野克就曾以军人会馆（现九段会馆）及东京国立博物馆为例，指出"日本脱离国际联盟后，开始了东亚侵略的第一步，但随着民族主义色彩日渐浓重，建筑也受到了必然影响。日本趣味建筑的探究趋向纪念性，违反国际主义，践踏合理主义，其创造受到强制推行"[1]。另外，当时西式建筑也受到了批判。鹿鸣馆就曾被视为国耻建筑，1940年被决定拆毁时，未有反对之声。当然，话虽如此，正如井上章一所指出的那样，与德国的纳粹党及意大利的法西斯主义不同，帝冠样式的日本趣味未被明确作为国策受到推崇[2]。至少日本不存在像施佩尔那样作为战犯被制裁的建筑家，相反，也不存在反战到底被迫流亡的建筑家。

起初，致力于设计的建筑家无法再凭借纯粹的美学创造出如透明玻璃般纯粹的现代主义，他们发表的作品日渐减少，杂志刊行也每况愈下。1937年，钢铁建造物许可规则公布，新丸大厦等项目被迫停止，大型工程也因倡导节约而被中断。1943年，电梯被回收。由于不能使用铁，岸纪念体育馆（1941）这类木造的现代主义建筑在当时受到推崇。

1941年，第二次世界大战期间在日本的极右政治团体大政翼赞会的授意下，吉武泰水等建筑规划研究者发表"建筑新体制"宣言，强调创设组织来管理国家所有建筑事业的必要性。1942年，针对"大东亚"建设，他们指出建筑家的使命是建设工厂及事务所等作为国家生产活动的据点，强调建筑不应偏重艺术，而应以"新合理主义"为目标。同年，规划学者西山卯三指出，日本需要"住居建筑家"这一新型建筑家，以便为日本平民提供大量的平民住宅 (3) 。也就是说，不再为有钱人建造豪宅，而是为不特定的大多数人建造有规格的标准化住宅。此外，在设计上，他推崇进行科学的规划，而不从特殊经验与轶闻出发。战后，西山作为左派学者为人所知，而仅从他在战争时期就强调为民众建造建筑这一思想来看，可以说其目的早已符合左派思想。

如何有效利用素材？如何规范住宅？这些合理主义规划被大力推进。例如，建筑家为节约建材，提议使用竹筋混凝土及水泥替代材料等代替作为武器材料的铁，并降低建筑强度的基准。以从设施完备的"文化住宅"向最低限度的"国民住宅"转换为目标。可以说这些理念是物尽其用、戒奢宁俭的终极现代主义。

第一次世界大战使许多现实问题日益凸显，在建筑界，防空对策成了重要议题 (4) 。1939年，日本军机保护法规定了禁止从高处俯视进行摄影。为警惕空中监视，保护工厂及议事堂等，隐蔽设计理论受到提倡，提出了避免轰炸机辨认的屋顶伪装方法论。这与之前在战争时期重视建筑结构及建筑材料领域，而轻视设计的状况不同，它是建筑家力图对抗近代兵器的一种尝试，开发了艺匠设计的新功能。与欧美相比，日本都市木造房屋众多，且建造密集，具有易发生火灾的致命弱点。然而，日本不可能对此进行全盘改造，于是尝试采取了迁移建筑、强制间隔房屋、管制灯火、建造防弹建筑、防护室及避难所等多种应急措施。

关注连接现代主义的神社

作为新型高层建筑登场的"忠灵塔"及神社等对日本社会有着重大意义。1939年，在"忠灵塔"的设计竞赛中，规模宏伟、可以"流芳百世"的纪念性建筑备受期望。对帝冠样式嗤之以鼻的评委岸田日出刀说明要"以艺匠素朴、简明为宗旨"，所以许多现代主义建筑家也参加了此次竞赛。最终，竞赛选定的设计方案倾向于装饰简约的新古典主义及意大利合理主义。

当时，还建造了军神神社及海外神社。其实，神社绝不是过去的建筑，而是现在可见的现代建筑。关于神社建筑的一些言论见解也值得我们关注。建筑历史学家足立康在《日本建筑史》（1940）的最后一章中说，明治以后，国内外开始建造神社，"意图创造一个神社建筑的黄金时代"，但寺院却不断走向衰败 (5)。另外，即使现在你打开建筑史的教科书，看到近代大肆盛行神社建筑之类的阐述，也是不被世人所认可的。

岸田在《日本建筑的特性》（1941）中指出："如果在旧日本建筑中寻找富有纯日本的美学要素，那将仅限于未引入佛寺要素的建筑，或受其影响甚微的建筑" (6)。日本接受并吸收来自亚洲大陆的新建筑文化，这种做法本应撼动日本的建筑史，但事实上，日本在设计领域仍提倡神道与佛教分离。所以，作为日本原始建筑的神社受到推崇。

这种观点，可以说与建筑历史学家藤岛亥治郎在《民族与建筑》（1944）中的阐述相对应。在书中他批判英国建筑历史学家詹姆士·弗格森所说的日本无非是中国建筑的模仿这一观点，并力图打破日本建筑过于重视中国的要素这一世人的看法[7]。在欧洲看来，日本是中国建筑的模仿者，但藤岛认为这其实是纯粹的日本建筑受到了中国建筑的不良影响。他以日本拥有"世界罕见的建筑的合理性"为傲，称"东有伊势神宫，西有帕台农神庙"，将木造的日本建筑比作石造的希腊建筑。他将2600年的历史分为"纯正的日本建筑时代""中国的日本建筑时代"和"世界的日本建筑时代"三种风格。他在论述《国粹日本建筑》（1940）的同时，指出先不论明治以后的欧美影响，过去日本也受到了中国影响而造成建筑混乱。如果排除这些不良的外部影响，日本特有的建筑风格就会崭露头角，并说明纪元2600年是"建筑新纪元"的开始。

岸田批判来自中国的寺院建筑装饰过多，曲线设计不符合日本风格，提倡传承像神社那样的自古不变的素简，设计要采用直线线条，并指出这与现代主义相连[8]。20世纪30年代，德国建筑家布鲁诺·陶德旅居日本期间，曾将日光东照宫与伊势神宫、桂离宫进行对比，将分为天皇和将军谱系的构图作为神社和佛教的谱系重新编制。

　　藤岛与陶德一样，批判以外国人为对象的观光酒店等建筑是东洋风建筑的赝品，是还未被消化的设计，而用赞扬传统建筑的辞藻来评价现代建筑。例如，他在《新世代的建筑》（1940）中，阐述了日本自古以来的建筑精神——纯正素朴，并盛赞谷口吉郎的庆应义塾幼稚舍（小学）是"纯真无垢、极其率直明朗的建筑"[9]。也就是说，赞赏神社建筑的语言并非拘泥于日本趣味，在现代主义建筑中也可以发挥得淋漓尽致，排除了中国色彩的纯日本性是与最新的近代建筑相连的。藤岛坚信现代的纪念性建筑必须充满现代的朝气，尤为要求清新明朗、简单朴素，要装饰有度才有价值。

"大东亚"的建筑样式

　　1942年，日本建筑学会选定了"'大东亚'建设纪念营造计划"作为定期展览会的第3部设计竞赛的主题。为迎接此次竞赛，评委岸田也寄去了作品[10]。本次竞赛要求"建筑设计可以充分展现出'大东亚共荣圈'的磅礴气势"，意在超越日本，构建共有建筑。对于那些失去设计工作的建筑家而言，这是他们展示建筑理念的一次重要机会。岸田表示"本次竞赛的成果明确说明，即使在当代，日本建筑未亡，依然充满生机。尤其是新晋青年建筑家的奋起备受期待"。"'大东亚'建设纪念营造计划"是期望艺术建筑可以起死回生的一项工程。

"大东亚"建设纪念营造计划一等奖方案 [《建筑杂志》1942年12月刊]

此外，还有许多与此相近的观点。桦俊雄在《"大东亚"文化建设的意义》中表示，此次工程不只是对政治经济领域，对文化领域也有重要意义。在本次竞赛中落选的西山卯三也表示此次工程是建筑家的梦想 (11)。"大东亚"的设计竞赛不以实施为前提，而是一场没有制约的创意竞赛，给建筑家们提供了一个可以自由畅想的平台。

承担使命的国民建筑家

在构建"大东亚"建筑的过程中，丹下健三主张"应创造如神般威严、简劲，如巨人般雄浑、庄重的新日本样式。英美文化忽视南方民族的固有文化，赞叹于吴哥窟建筑是好事者的工作。我们应对日本民族的传统与未来抱有坚定的自信，并以此为出发点"。构想"大东亚"建筑时，无关他人的样式。

丹下在这场设计竞赛中，凭借可看到远处富士山的具有象征意义的作品获得了一等奖[12]。他的作品所描绘的不仅是建筑，其规模设计可以说是一次国土规划，是一项震撼人心的壮大工程。这次设计开日本之先河，使日本建筑进入了新纪元。它用并行的"大东亚"道路与"大东亚"高速铁路连接东京的皇居与富士山麓的原野，并在中间打造一些首都圈，按顺序排布""大东亚'政治经济中枢都市""'大东亚'文化中枢"及供奉所谓忠灵的神社区域。融合自然与建筑于一体的护国神社与国民广场等国家参道的线状布置规划为丹下所继承，在战后的东京规划1960及广岛和平纪念资料馆中的轴线设计中得到应用。建筑造型也以伊势神宫为灵感，趋向神社的原型。

令人意想不到的是，就连其后作为左派学者为人们所熟知的西山卯三也参加了此次设计竞赛，他提交了《"大东亚"圣地祝祭城市规划方案记录》，只是最终落选。在该方案中，他提议在大和三山创建"心灵圣地"，计划建造具有象征意义的塔、练武健身场、祭典广场、祭坛、"忠灵塔"的同时，还建造"大东亚"博物馆、大竞技场、剧场、音乐堂及厚生会馆等多个设施群。即便如此，与可谓是科学怪人的丹下的宏大构想相比，仍然是相形见绌。或许丹下在此时所构想的浩荡规模与其在20世纪60年代提出的将都市圈相互联结的东海道大都市带构想息息相关。此外，丹下在获得首奖的方案中所引入的融合于古代造型世界的混凝土壳体结构及最新的铁路技术，可谓是超越近代的卓越智慧。

建筑学会受本次设计竞赛影响，总结整理了《"大东亚"建设委员会报告书南方建筑指南》，发表在《建筑杂志》1943年4月刊中。文章参照丹下的设计方案，说明设计要摒弃以个人为基础的世界观，应重视自然与环境，素简明确，没有欧美的烦琐装饰。这不同于欧美的造型意志与视觉空间，而是借助平面设计强调日本的环境秩序与生活空间。也就是说，侵略战争时期，实际建造的建筑虽有减少，但现代主义并非单纯地倒退，反而在一定程度上促进了其建筑理论的发展。

1943年，在曼谷日本文化会馆举行了一场设计竞赛。岸田也同样担任了此次竞赛的评委。他指出作品需要"以优雅素简的日本独特传统样式为建筑基调，但又不流于对过去的模仿，建筑家尽情发挥各自的创意，使其作为首个在海外建造的殿堂，成为日本人的骄傲"。在此次竞赛中，丹下和前川国男皆以过去的住宅建筑为原型，分别获得了一等奖和二等奖。在此之前，岸田曾对纯净素简的京都御所做出高度评价，他们可能对此观点有所共鸣，并将其应用到了设计作品中。当然，在丹下的设计中也可窥见神社风的建筑风格。

前川倡导建筑家要有所谓"大东亚"前夜的思想觉悟。他批判固守形式的传统主义"日本趣味建筑"与精神进步主义"结构主义建筑"这两种倾向，并主张要因地制宜，把握传统，锤炼造型理论，克服日本现实的特殊性，创造出连接世界的国民建筑 [13]。他摒弃炫耀外观的纪念性建筑，不断摸索着第三条道路。生田勉指出，随着从古代到现代的变迁，对建筑功能性的重视已超越了纪念性，并以"丹下借助复古设计而重拾了纪念性，前川借助浓厚的功能色彩来表现现代纪念性"来评论此次竞赛 [14]。

滨口隆一在《日本国民建筑样式的问题》中表示，西洋建筑倾向物体性与构筑性，而日本建筑倾向行为性与空间性，并评论了本次设计竞赛中前川与丹下所提出的方案 [15]。不沦陷于古典纪念性，而是将现代主义与日本的独特性相融合，超越近代建筑设计；在平面构成层面，而不是外观设计层面构建方法论。这些可能就是侵略战争时期建筑理论的最终目标。他还表示，日本建筑样式其素材多用木而非石，具有国民性与风土性。

丹下健三在战后的贡献

相对于战争时期的现实主义，"大东亚"建设最传奇性的表现是"大东亚"建设纪念营造计划竞赛及曼谷日本文化会馆竞赛。无论是哪场竞赛，获胜的都是年轻的丹下。当然，由于其设计未能成为现实，所以从战败后的今天来看，这可能仅是类似于野史故事中的建筑。但其宏大的规模，连接传统与现代的日本建筑构想，在战后都被大力继承。国民建筑家丹下开拓了战后日本现代建筑的新境界。

香川县厅舍详图 [作者摄影]

丹下曾参与设计1964年举办的东京奥林匹克运动会（中心）与1970年举办的大阪世界博览会（场），这些建筑都对日本的战后复兴有着重要的象征意义。它们都曾因侵略战争而一度被迫取消，前者是丹下采用灵动的悬索结构构筑的国立室内综合竞技场，后者是丹下设计策划的祭典广场大屋顶与整个会场。在20世纪90年代的建筑项目中，丹下设计的东京都新厅舍（1991）及台场的富士电视台总部（1996）作为东京的新风景登上舞台。丹下善于设计里程碑式的具有象征意义的造型建筑，构筑日本人的原始风景。

特别是对于欧美以外的国家所面临的现代主义与传统主义的融合这一复杂难题，丹下以其卓越的设计解决了这一难题。他参照伊势神宫及桂离宫，设计了国立室内综合竞技场中类似古建筑屋顶那样的曲线，并绘制了像香川县厅舍（1958）等使人联想到木造的梁柱与房檐下的椽子的详图，引领了20世纪50年代的对传统的争论。丹下并非一味地模仿现代主义，而是对古建筑做出了现代的诠释，并将其应用到近代建筑中，赋予其独特的价值。这些设计趋势皆源于"大东亚"的设计竞赛。此外，他在亚洲及中近东也做了许多大规模的项目设计，是日本首位世界建筑大师。矶崎新及黑川纪章等众多优秀建筑家都曾师从丹下，其在东京大学的丹下研究室可谓是日本建筑家的摇篮。

1945年，美国在日本投下了世界第一颗原子弹。其后，在被刻下永久伤痕的城市——广岛，诞生了永久纪念这一事件的"原子弹爆炸圆顶屋"建筑。在原子弹爆炸中心附近，丹下设计建造了广岛和平纪念资料馆（1955），这也是战后丹下的重要成名之作。

译者注

(1) 关野克著《世界美术全集》第25卷《明治、大正、昭和的建筑》，平凡社于1951年出版。

(2) 井上章一著《战争时期的日本建筑家》，朝日出版社于1995年出版。

(3) 见《新建筑》1942年1月刊前言。

(4) 五十岚太郎著《战争与建筑》，品文社于2003年出版。

(5) 足力康著《日本建筑史》，地人书馆于1940年出版。

(6) 岸田日出刀著《日本建筑的特性》，1941年出版。

(7) 藤岛亥治郎著《民族与建筑》，力书房于1944年出版。

(8) 五十岚太郎著《新宗教与巨大建筑》，筑摩书房于2007年出版。

(9) 藤岛亥治郎著《琉璃塔》，相模书房于1940年出版。

(10) 《建筑杂志》"愿'大东亚'共荣圈建设纪念性营造计划实现"，1942年8月刊。

(11) 《新建筑》，1943年1月刊。

(12) 藤森照信著《丹下健三》，新建筑社于2002年出版。

(13) 前川国男《纪要》，刊于1942年12月《建筑杂志》。

(14) 生田勉《关于纪念性》，刊于1944年1月《新建筑》。

(15) 滨口隆一《日本国民建筑样式的问题》，刊于1944年1月《新建筑》。

黑川纪章

佛教与新陈代谢主义

焦土中的领悟

进入21世纪后，可谓是魔都的东京发生着日新月异的变化，黑川纪章在繁华地段，青山一丁目地铁站之上的大厦11层设置了办公室。笔者去访问他时，他远眺着窗外的风景，感叹着城市在这短暂的六十年来的巨大蜕变，到处都是鳞次栉比的高楼大厦，遮挡了天际线。相较于轮廓分明的欧美城市，东京等关东圈的城市可谓是星罗棋布。但是，追溯到1945年战败时，这里还是一片荒凉的焦土。

当时，黑川还住在名古屋，他说："我那时就读于名古屋的白壁小学，三年级时，日本受到B29轰炸机轰炸，我被疏散到祖父的老家蟹江町。尽管如此，我还是体验到了城市的空袭。这是因为B29轰炸机本应通过蟹江上方后飞往名古屋，但在我被疏散到的蟹江的水田上被点亮了灯火，制造出了城市的假象。于是，在这个模拟的名古屋，也就是蟹江的水田地带受到了轰炸。好不容易被疏散到这里的我们反而成了轰炸的目标。就在离我们不远的几米处被投下了一颗燃烧弹……当时拥有100万～150万人口的名古屋在几天内就被摧毁了……我的父亲是个建筑家，听到战争结束的消息后还不到十天，就在仍留有硝烟的名古屋寻找设计事务所。在所有人都还茫然若失时，我父亲说建筑家有责任重建我们失去的城市。周围除了山之外皆成了一片废墟，身处其中的我对父亲的话铭记于心，并立志要成为建筑家。那时我们真是白手起家的。"[1]

美军接连不断地向日本的主要城市展开空袭。在遭受最大级别的破坏之后，黑川等不可多得的创造力诞生了。黑川知道，即使是战后的风景也会再次转瞬即逝。这对于像我这一代在一个已经被建好的城市中出生的人来说，是很难立刻想象到的。而这却是黑川的经验之谈。他生活在动荡不安的时代，战后，新干线登场，汽车、电视普及，手机、电脑已经成为人们不可或缺的一部分。他经历了所有阶段，所以他不相信会有事物永久存在。他表示，"过去总是认为'永远具有生命的事物'才是美好的。但是，现在已经暴露了这种思想是虚假的。相反，'灭亡的事物''变化的事物'才是真正美好的。"[2] 这是一种无常的美学观，正因爱并非是永远的，正因人总会背负着死去的命运，我们才能感知到美。这种对战争的体验影响了许多建筑家。

东京大学建筑系教授岸田日出刀，看到焦土一片，感叹其美。这是因为东京的街景满目疮痍，但此时的东京也宛若一张白纸，便于从零开始着手欧洲风的城市规划。丹下健三背负着战后复兴的重任，开始建筑象征着国家脸面的神殿，也就是纪念性建筑。黑川与同时代的矶崎新开始绘制以废墟为主题的建筑图的同时，常常会阐述着自己对焚毁遗迹的体验。矶崎新的绘图虽然是支离破碎的废墟，但却可以从残骸中想象到其原本的全貌。黑川未碍于西洋形象，在他的作品中木造房屋消失得无影无踪，给人以回归自然之感，可以说是日本式的表达。也可以说，矶崎新将废墟作为美学来谈，而黑川将破坏问题作为体系来处理。实际上，黑川开展新陈代谢主义的理论时，将如何破坏也纳入了建筑设计的考虑范畴。另外，据说同样身为新陈代谢主义的成员菊竹清训在战前生长在大地主家庭，但由于战后的改革，而失去了许多土地。这与对海上人工大地贪得无厌的追求不无关联。

破坏与建筑的圆环

20世纪50年代，牵引现代主义运动的组织CIAM（国际现代建筑学会）瓦解，黑川回想起那段岁月，觉得怅然若失，仿佛是失去了作为指南的近代建筑的教科书。他表示，"CIAM的瓦解使我不安的同时，也让我对未来充满期待，不知道下一个时代会是什么样子。"[3] 他走在焦土上，立志要成为建筑家，面对近代建筑的废墟，他发起了新陈代谢主义这一新运动。其后，他构想了未来城市的巨型建筑，而不是面对着令人绝望的风景惊慌哀叹。可以说他向人们贯彻了彻底的光明。《行动建筑论》（1967）是一本罕有的建筑类畅销书，书中有一句话是"明天又是新的一天"。[4] 你是否想到了电影《乱世佳人》的最后一幕。破坏与建筑的圆环，虚无主义与乐观主义，黑川的思想没有偏向任何一方，他兼备阴阳两面性，如圆环般连接着。

从某种意义上来说，日本的城市开发与破坏是同时进行的。就像1995年的阪神大地震，地震、台风等灾害有时会使城市瞬间毁灭。即使没有发生这些灾害，日本城市面貌日新月异，经过几十年的发展，大部分都已焕然一新。换句话说，日本总是有静默的"看不见的地震灾害"发生。阪神大地震后，全国其他城市都在进行的小型建筑开发在神户得到发展。灾变最终加快了变化速度，形成了鲜明的落差。我想起雷姆·库哈斯在《普通城市》中的论述，他指出所有建筑只拥有30年以下的历史。而黑川超越善恶的彼岸，构想巨大城市的态度要早于雷姆·库哈斯。

以1960年的世界设计大会为契机，黑川与菊竹清训、大高正人、槇文彦等人一同创建了新陈代谢主义的组织，他们秉持使建筑物的各部分灵活拆卸的设计思想。黑川的宣言性著作《行动建筑论》在当时供不应求。日本的建筑设计在海外受到高度好评，其中，新陈代谢主义作为从日本向海外传播的现代建筑思想与运动，在今天也是举世闻名的。这是日本现代建筑未经由异国风情，就与欧美并驾齐驱的瞬间。它强调建筑像生物的新陈代谢般交换、增殖、变化。但是，我们不能忘记其过程还包含了破坏。或许黑川与其他组织成员的不同之处也就在这里。他表示，"人类的文化一直以来都不断地凭借'创造'产生价值……但是从现在开始，可以说是一个'破坏文化'的时代了。"[5] 这是与之前截然不同的设计构想。某位生物学者说过，人类可能会被粪尿与垃圾淹没而灭亡。黑川引用了这位学者的话，说明最可怕的敌人不是氢弹，而是在我们身边的事物。他很早就关注与再循环有关的环境问题，意识到了从生产、拆毁，到再利用这一时间链条的重要性。

20世纪60年代，弗兰克·劳埃德·赖特所设计建造的东京帝国饭店解体，引发了关于是否保存的争论。黑川提倡新事物与旧事物共存，主张将前厅半地下化加以保留，并在上面建造高层建筑。城市不能墨守成规，而应是不断变化着的。所以，大众去决定城市时，城市总是要受到破坏。[6] 当时，他指出这是因为建筑框架虽然仍在使用年限内，但设备部分已经老化陈旧。同时，他提倡从理论上研究构造的生态系统。黑川是最早倡导解体工学方法论的建筑家。

螺旋与信息构造

20世纪末，日本闻名遐迩的建筑家是曾为拳击手的安藤忠雄，而20世纪60年代，从京都大学进入到东京大学学习的年轻的建筑界精英黑川是赫赫有名的英雄。黑川在当时被称为"女大学生仰慕的'建筑界铁臂阿童木'"，是经常荣登周刊杂志的封面人物。他广阔的社交圈，与女演员若

建设中的Takara Beautillion展馆
[株式会社黑川纪章建筑都市设计事务所提供]

国立民族学博物馆 未来遗迹 [作者摄影]

尾文子的婚姻等都成为人们热议的话题。经济高度增长期的日本，年轻人的才能承载着人们对未来的梦想。实际上，在大阪世界博览会上，不到四十岁的黑川亲自设计了三个建筑项目，可谓是一大壮举。

　　大阪世界博览会成为黑川光彩夺目的重要舞台并非偶然。世界博览会是在一定的期限内打造城市的一场空前盛大的国际性活动。由于施工时间紧，需要预定解体，所以可拆卸替换的临时建筑成为最佳首选。也正因如此，黑川称世界博览会本身就是一场新陈代谢派的运动。四角结构的

EXPO'70东芝IHI馆及胶囊结构的Takara Beautillion由铁制部件构成，设计计划时加入了可拆卸替换的功能。所以，建筑可以完整地拆卸拼接，即使毁坏也仍不失其美感。而在此之前的世界博览会中的临时建筑未将拆卸替换功能纳入计划之内，通常是借助钢缆及推土机将其拉倒，或敲击铁球拆毁墙壁。黑川批判这种做法是原始的、低效的。

但是，这并非只是技术论。黑川表示，欧洲美学是建立在永久性的基础之上的，而日本的美学在于解体性，"通过不断地去解体，来延续自己拥有的同一性。"(7) 木造建筑解体后，会将其转用在其他部件材料上。伊势神宫每二十年翻建一次，新旧并存。国立民族学博物馆中建造的"未来遗迹"就给人以一种奇妙的时间感。这是传统素材与现代素材并存的新建筑，而其在建筑中心部分设置空洞的空间会使人联想到上古时期的神殿。另外，六本木王子饭店的主场酒吧还纳入了"宇宙遗迹"。

黑川很早就对古代哲学及现代科技等多个领域高度重视，并灵活地将它们结合，发展了自己独特的理论。可以说没有静止，不断移动与变化这一思想就是黑川基本的世界观。他在建筑设计中注重意义，多用隐喻，设计的每一个建筑都不浮于表面，而是有其深层意义。他之所以对西洋的"巴洛克"样式有所共鸣，可能就是因为比起"文艺复兴"式的完整的理想型，而更喜好变动的中心题材。

"建筑是信息的流动，而城市是流动的建筑"⁽⁸⁾，这并非是构想计算机时代的伊东丰雄或渡边诚所说的。令人意想不到的是，这是20世纪60年代黑川所说的话。他受20世纪初的未来主义所主张的动态美学影响，主张从动态本身发现美。实际上，在诗人马里内蒂发表的未来主义宣言中，比起古典雕刻，而更称赞汽车的轰鸣声。建筑家圣伊里亚倡导"每一代人都应建造自己的城市"。未来城市是不断更新的，黑川预见新时代的同时，对于流动性需要信息化这一发展趋势早已了然于心。黑川从20世纪60年代开始致力于城市设计，在日本建筑史上立下了汗马功劳。所以，在他晚年意图走入政界的作为虽然看上去荒唐无稽，但这却是他实现自己四十多年来不断追求的城市设计的终极手段。他一直反对一成不变的东京中心主义。

以动态为对象时，新的造型就会产生。20世纪60年代，法国的保罗·维利里奥与克劳德·巴夯也受未来主义影响，提倡建筑的倾斜功能。他们认为，水平对应着农村的农业，垂直对应着都会的工业，在将会到来的后工业社会中，应发展"倾斜功能"作为第三秩序。另一方面，黑川从DNA的螺旋构造中获得启发，发表了科幻作品《东京计划1961——Helix计划》（1961）。它是在人工大地上呈螺旋状回转排列的巨型建筑。既不水平，也不垂直，而是导入了螺旋式这一建筑新次元。动态的现代都市不应由柱、梁、壁这些已有概念构成，而应引入生物学的进化论和再生过程，构

东京计划1961——Helix计划（模型）

[株式会社黑川纪章建筑都市设计事务所提供]

建出与以往截然不同的结构。近年，许多建筑有效地利用了计算机，它们有着相同的逻辑性。黑川认为，螺旋状的空间符合现代的需要。同时卷入水平运动与垂直运动的螺旋衍生出了一种新秩序。

轮回转世的循环

经常以佛教思想为参照是黑川的建筑特点之一。

创造与破坏的循环以及流动的世界观也与佛教的轮回有着错综复杂的关系。轮回的原语samsara表示"流动"，有"徘徊于各种状态"之意，指生死循环往复 [9]。从开始到结束其时间线并非是一条直线，而是给人一种回转的感觉。所以，黑川将新陈代谢主义引入到社会时表示，"只能将自己投入到不断'轮回转世'的时间里，从行动上把握空间。" [10] 他还表示，"我们亲身体验过，本来相信的永久的美，在我们眼前支离破碎……除了'地狱'我无以形容这种体验。但是，如果这个'地狱'是可孕育下一个创造性的空间的'破坏'，我想积极地肯定它。"

黑川表示，佛教的轮回思想是具有"以包含生死的悠久时间为分母来思考自身的精神风土"。[11] 不是仅此一次的存在，建筑也在不断地生死循环。1985年，在日本科学城筑波举办了国际科学技术博览会，黑川亲自设计建造了东芝馆，他考虑到了建筑用地的租赁问题，运用临时脚手架建造建筑，以便在租赁六个月的场地到期后，可以干净利落地完成善后工作。这种方式也应用在了几乎借用了东京各处的材料去建造的宏伟建筑中。

黑川还对我说，"我认为比起临时这一概念，租赁这一概念更有趣。仔细想想，连人生或许都是租赁来的……从我们开始提出新陈代谢主义时起，我们对抗的就是将价值偏执地投射在欧洲的物质层面中，或生而非死的思想中的思考方法。然而，过去我们的生活方式通常是生死相伴的，所以我认为再造这种平衡是很有趣的。"[12]

在这里，或许可以窥见佛教的生死观。关于人生是租赁来的这一想法不禁使人想到，人类是被囚禁在一座称作自己的牢狱之中的囚徒。生与死的关系可能也反映了黑川个人的体验。日本受到B29轰炸机轰炸，他在疏散地的祖父家中，对黎明时弟弟出生的瞬间，对寒冬中照看祖父的那段日子记忆犹新。那是一个出生与死亡并存的家。在那场空袭中，他的亲戚死于炸弹之下。他表示，"人类、动物、植物，甚至是佛祖的生命是在超越生死的浩大生命中存活的这一观点，与佛教轮回这一教诲相通。"(13)

人们可能认为日本的建筑家论及佛教是理所当然的。然而，像白井晟一那样将佛教思想与建筑融为一体的建筑家只是日本的特例。当然，在形式上许多日本人是佛教徒，但其佛教的哲学思想却未必渗透到了素养之中。相反，日本建筑论常常参照希腊的哲学及法国的现代思想。所以，黑川作为日本建筑家，其对于佛教的执着是值得在此浓墨重彩地描写的。

直线抑或曲线

当然，将宗教作为建筑设计的参考在过去并非是不存在的。

提及现代主义时，常常将其与神道相连。特别是由国家神道支配的日本战前尤为明显。比如，岸田日出刀指出，神社建筑以直线为主体，风格素简，而从亚洲传入的佛教建筑以曲线居多，装饰性强。这种言论意在排斥受中国影响的佛教建筑的同时，赞扬神社建筑可以表现日本的纯粹性，使其与现代主义美学相连。这是推崇由曲线向直线转变的民族主义建筑进化论。

布鲁诺·陶德将分为将军和天皇谱系的构图作为佛教和神社的谱系重新编制，对比分类，并批判巴洛克式的佛教建筑是赝品，而赞扬素简的神社建筑具有举世无双的美。其后，美国后现代主义建筑家罗伯特·文丘里认为陶德所宣传的现代主义过于强调木造建筑的美，偏离了日本。相较于陶德与格罗皮乌斯赞赏伊势神宫及桂离宫，黑川更关注姬路城及日光东照宫，并指出其是后现代主义建筑的源流。此外，文丘里在实际访问日本时，看到日本混沌的后现代都市风景，感到非常欢喜。陶德将日光东照宫贬斥得一文不值，而文丘里却设计了充满粗制符号的日光雾降酒店。

近代神道遵循压制且排他的根本法则运转着。实际上，它是多神教的，但是至少在当时的建筑界，它与现代主义的禁欲美学相连。另一方面，黑川推进被摧残的佛教之物复权，开辟了通往后现代主义的道路。当然，这并不是尊佛教，卑神道的理论。黑川原本就批判这种二项对立的思考方式。他回避止步不前的二元论，提出了使两者共存的第三概念。他以开放的哲学为宗旨，正如"大乘佛教"中的"空"，既不是指有也不是指无。

黑川的作品多用曲线。比如，K宅（1960）及儿童王国中心小屋（1964）使人联想到含有曲线的古建筑屋顶。轻井泽王子大饭店（1973）的屋顶呈现出融入于自然风景的曲线。山形夏威夷梦想乐园参照了细胞的形象，未把中庭建造成矩形，而是略带弧度。埼玉县立近代美术馆（1982）及名古屋市美术馆（1987）由人工栅极构成整体的基本框架，并通过介入等高线状的波浪形玻璃面，创造出黑川一直提倡的"中间领域"空间。国立文乐剧场（1983）等建筑向外敞开的部分也多用曲线设计。使用舱体作为工业化的

埼玉县立近代美术馆 [作者摄影]

房间单位的中银舱体大楼（1972）等的圆窗唤起了人们心中的未来形象。

广岛市现代美术馆（1988）及小松市立本阵纪念美术馆（1990）等以圆形为

设计主题。

20世纪90年代以后，黑川提倡"抽象·象征主义"，它运用了抽象几

何学这一人类共同的美学，并突出象征性，兼容世界性与地方性，被认为

是超越二元论的建筑。比如，圆锥形既可以是欧洲的尖塔，也可以是中国

宫殿的屋顶，此外，还可以将其阐释为火箭的尖端或是庙塔。墨尔本中心

（1991）及久慈市文化会馆（1998）等作为抽象·象征主义的作品，就多次

中银舱体大楼 [作者摄影]

运用了圆锥设计。应用了不规则碎片形几何学的家具（1996）及富士宫高尔夫俱乐部（1997）中也尝试使用了超越规则性与不规则性二元论的柔软曲线。它采用了在自然的形态中所发现的新几何学概念。

勒·柯布西耶提倡直线与直角的美学，他主张带有目的的人类之道应该是笔直的，不能像驴子那样无目的地绕着道路转圈。另一方面，黑川表示，"人类是在迷茫中发现目的的。所以人类之道最好是一个迷宫，是千回百转的。"[14] 他对丹下健三的"东京计划1960"（1961）进行交通规划时，据说有这样一段有趣的插曲。当时，丹下将以笔直轴线贯穿的设计图交给黑川后，黑川运用曲线将其弯曲，变成类似细胞那样的单位[15]。于是，丹下又再次将改为直线的设计图返还给黑川。原子弹爆炸中心附近的广岛和平纪念资料馆及东京计划1960等具有气贯长虹的中心轴的建筑就是出自丹下之手。

以变化为前提的新陈代谢主义的建筑不具有终结的形式。这使人想到铃木大拙在《禅与日本文化》一书中指出的"不完全的美"[16]。他表示，许多事物是不对称的，是"不完全的美"，但是这个事实却可以唤起我们心中预想不到的快感。铃木还举出了一个非对称性的例子来阐释建筑的造型特色。他指出，佛教寺院的布局规划中，各个设施未必一定是呈一条直线排列的，有时会不规则地分散排布。Takara Beautillion展馆及中银舱体大楼也没有对称轴，建筑向各方向自由伸展。铃木还表示，整体并非是凌驾于部分之上的，部分与整体是相互渗透的。这也符合新陈代谢主义的理念。他所提出的即非理论将肯定与否定同时进行，蕴含二义性。

不同物质的传播

"共生思想"与佛教的关联尤为紧密。黑川举出了佛教的唯识思想来说明共生思想的起源。但是，它并未局限在佛教领域，而是扩大到更广阔的领域的新思想，与生物学的"共栖"也有所重叠。共生主义是源于近代日本佛教的重要思想。20世纪10年代，净土宗的学僧椎尾弁匡创设共生会，开始进行社会教化运动，在昭和盛极一时。他倡导解脱的对象不应仅是个体，而应是全社会，应彻底实现真正的共生。他还运用共生思想阐释了工厂及农村的劳动问题，旨在实现人与人、人与动植物、人与自然环境之间的共生。现在，黑川面向世界再次倡导"共生思想"，推进了人们对东海学园佛教学校及佛教界的"共生"进行重新评估。

黑川在度过初高中时代的东海学园听校长椎尾弁匡讲课，就在那时他遇见了"共生佛教"。据说黑川曾问过这样一个问题，即佛教说即使是植物也有佛寄生其中，并劝诫人们切勿杀生，但是素菜也是植物，我们食用它不与佛教的戒律矛盾吗？椎尾听后回答，如果在我们所需的最小限度内是无须介怀的，而且食用植物的人也终有一天会死去回归土壤，成为植物的养分，而动物食用这些植物时，会形成一个循环系统，就变为共同生存的关系了。人不是孤立地存在的，生命是在循环中存在的，这些思想似乎也与新陈代谢主义相连。战争结束后，黑川憧憬美国权倾天下的物质文明的同时，又无法抑制心中的反抗情绪。以此为契机，他开始对东洋思想兴致勃勃，并在大学时代研究唯识思想。

黑川一直记得在自己的少年时代，进驻日本的美军给孩子们发巧克力时的情景，他远远地看着，心情复杂。但他却对美军所乘坐的吉普车叹为观止。甚至到之后当他有能力买车的时候，买的车也是吉普车。他在《流动人口》（1969）一书中，预言了社会的动民化，其构想来源于利用拖车式活动房屋进行迁徙的美国生活方式[17]。这是以美国为原型对未来的一种设想。相较于文丘里以开拓街边建筑的符号理论为新的样式设计，黑川提倡舱体建筑理论，将其理解为新的社会体系。

江上波夫曾提出过骑马民族论，即日本人原本是骑马民族的血脉相承。黑川联系这一理论，开辟了不同的流向。20世纪80年代，黑川出版了《游牧的时代》，其"流动人口"这一主题与江户时代的社会形象重叠[18]。并且，他还指出，信息化社会已经高度发达，流动已不仅仅局限在物理层面，在信息层面也刷新了人们的议论。这是美国文化与江户文化的混合体，黑川的思想本身就是集西洋文化与东洋文化于一体而形成的，具有巴洛克式建筑的特点。文艺复兴式建筑的理想型的圆具有一个中心，而巴洛克式建筑的中心是分裂的，具有两极，形成了将其环绕的椭圆，是外形自由，追求动态的一种形式。

环状空间

20世纪80年代以后，黑川倡导"共生"的思想，尝试将不同的价值观同时纳入设计中。如果说矶崎新所写的文化性建筑论是以知识分子为对象读者的，那么《共生思想》（1987）、《游牧的时代》（1989）、《流动人口》等黑川的著作所阐释的时代思想可以说是通俗易懂的，他的建筑论书籍是连商人都交口称誉的。当时，在世界建筑界的大洪流中，发生了从排他性的现代主义到综合性的后现代主义转移。但是，黑川并非将其作为外来思想单方面地接受，而是与日本的文脉相融合，凝练出自成一格的建筑思想。而迈克尔·格雷夫斯那样的后现代主义引用古典主义来反对近代，但他只是停留在自我参照的层面，未能相对化。

黑川为将中心性解体，变换了多个关键词来推进后现代主义的建筑设计。比如，20世纪70年代后半期，他倡导非二项对立的灰色文化，将具有多重意义且给人以暧昧朦胧之感的"利休灰"引入到了建筑中。他在设计福冈银行总行（1975）时，在都市插入大片空地作为公共与私有的中间领域，在石川厚生年金会馆（1977）中使用了利休灰这一色调。在柏林日德中心（1988）及凡·高美术馆新馆（1998）等海外项目中，他以新事物与旧事物，也就是历史与未来的共生为主题进行设计。在吉隆坡新国际机场（1998）项目中，他在机场的中庭建造森林，旨在实现自然与尖端科技的共生。这是人工的现代建筑，从鳞次栉比的柱子延伸出流畅曲面的屋顶单位，使人联想到伊斯兰建筑与自然森林。

无论是新陈代谢主义还是共生思想，其灵感来源皆与生物学有关。在宏观框架下，从近代建筑向后现代主义建筑的转换就意味着从单纯的机械模式向复杂的生物模式的转变。与此同时，这也是一神教模式向多神教模式的变更。黑川表示，一神教是建立在井然有序的等级制度基础上的一种世界观，而佛教认为无论是叶、枝、根还是干都蕴藏着佛，它没有等级之分，具有对等且自立的同等价值 [19]。它不是内在的层次化的树木关系，而是各自独立存在且对等相连的根茎关系的网状体系。它如同单层住宅那样，没有中心，各个单位都是流动的，但它们皆是相互联结的，而不是杂乱无章的。如果在空间上将其改编，就会变为环状，这也是黑川在其建筑设计中常用的主题图案。

在大阪世界博览会的旧址上建设的国立民族学博物馆（1977），即使增建，也仍以相互连接的四方块为骨架，各自的单位空间皆有中庭，无论是部分还是整体，都呈现出环游式体系。也就是说，建筑各处都在发生着环状运动。这也反映了馆长梅棹忠夫的人类学主张，即将整体相对化观察 [20]。梅棹忠夫指出，欧洲是一神教的世界，通过一个视点固定世界观。印度等多神教国家也有固定的视点，在眼前交替着许多神明。而日本主张神是无处不在的泛神论，自己不断地在移动，对神轮流叩拜。这种体系与空间的构成相吻合。正如黑川所说，没有中心，在周围不断环绕。

黑川在采访中表示，"克洛德·列维-施特劳斯将原始人类的思维称为野性的思维。这可以视为文化相对主义，我认为它与梅棹忠夫所著的《文明的生态史观》有异曲同工之处。所以议论总是集中在此。如何建造没有中心的建筑，对此，所有的文化都有其各自的认知，但他们所呈现出的构造却是没头没尾的，也就是说，欧洲是中心，完全没有开启其周围未开化的文化的先兆。所以，尽管是日本所建，但日本根本就不是中心。那些被彻底开放的构造，无论是我在世界博览会建造的临时建筑还是其他建筑家的建筑都是如此，但它们是可永久维系，永久开放的建筑。"[21]

没有等级制度的构造不分内外，空间与空间之间密切相连，环环连锁，可以扩大增殖。以2025年为目标的东京大改造计划（1987）以及中国的城市计划就采用了在海上建造城市，构筑环状结构的设计构想。黑川曾在丹下健三的东京计划1960中负责道路交通系统，他提议构建引入"8"字环与循环圈的运输系统，主张打造可以任汽车驰骋的道路，而不是集群止步的都市中心广场。如果将新陈代谢主义阐释为时间的循环，那么上述主张就可以称之为空间的循环。

黑川历经战争，研习佛教，形成了自己独特的哲学思想。而且，这些哲学思想并不局限于建筑领域，它们为现代社会提供了导向。冷战这一东西对立结构结束后，世界本应进入多样的全球主义时代。但911恐怖袭击事件发生后，反抗不断，世界正在失去对他人的容忍力与想象力。美国与反美主义、善与恶、基督教与伊斯兰教等对立轴被反复强调，世界似乎将再次面临一分为二的困局。所以对"共生思想"的探索无论是现在还是未来都将具有举足轻重的地位。

译者注

(1) 选自五十岚太郎与小田正刚对黑川纪章的采访，收录于2004年《10+1》。

(2) 黑川纪章著《新陈代谢主义的构想》，白马社于1972年出版。

(3) 黑川纪章《新陈代谢主义的构想》，刊于《新建筑》2004年10月刊。

(4) 黑川纪章著《行动建筑论》，彰国社于1967年出版。

(5) 黑川纪章著《新陈代谢主义的构想》，白马社于1972年出版。

(6) 黑川纪章著《都市设计》，纪伊国屋书店于1965年出版。

(7) 见于1978年4月刊《SD》。

(8) 黑川纪章著《行动建筑论》，彰国社于1967年出版。

(9) 中村元等编《佛教词典》，岩波书店于1989年出版

(10) 黑川纪章著《行动建筑论》，彰国社于1967年出版。

(11) 黑川纪章著《建筑论Ⅰ 走向日本的空间》，鹿岛出版会于1982年出版。

(12) 选自五十岚太郎与小田正刚对黑川纪章的采访，收录于2004年《10+1》。

(13) 黑川纪章著《新共生思想》，德间书店于1996年出版。

(14) 黑川纪章著《建筑论Ⅱ 走向日本的空间》，鹿岛出版会于1982年出版。

(15) 藤森照信著《丹下健三》，新建筑社于2002年出版。

(16) 铃木大拙著《禅与日本文化》，岩波书店于1940年出版。

（17）黑川纪章著《激动人口》，中央公论社于1969年出版。

（18）黑川纪章著《游牧的时代》，德间书店于1989年出版。

（19）黑川纪章著《黑川纪章笔记》，同文书院于1994年出版。

（20）梅棹忠夫编《民博诞生》，中央公论社于1978年出版。

（21）选自五十岚太郎与小田正刚对黑川纪章的采访，收录于2004年《10+1》。

矶崎新

在虚构与现实间游走的建筑家

留在未来的未建成建筑

未建成建筑就是未实现的建筑，没有物理性实体，仅存在于媒体中。

未建成建筑蕴含着丰富的内涵。它像18世纪的法国建筑家克劳德·尼古拉斯·勒杜的乌托邦那样，极致地追求纯粹的理念；像意大利雕塑家、建筑家乔凡尼·巴蒂斯塔·皮拉内西的精密铜版画"牢狱"系列及荷兰画家莫里茨·柯内里斯·埃舍尔的绘画那样，包含着不可能实现的矛盾空间；像前川国男的东京帝室博物馆方案（1931）那样，在设计竞赛中落选；像美国建筑师理查德·巴克敏斯特·富勒的飘浮的球状都市（1970）那样，技术暴走，飞跃时代；像计算机系统的动画那样，停留在计算机图像上，不断地更新变化。总之，我们无法访问、触碰到这种不在场的建筑。它存活在观念中，以制图或模型等作为传播信息的手段。

存在于媒体中的建筑是很奇妙的，因为承担表象的从来不是实物。但我们可以通过媒体，遥想它真实地存在于未来的某个地方。实物建筑最初始于一张草图，一旦完成，这种实体性建筑就是原创的。而未建成建筑的原创却是媒体。书籍及展览会等也是未建成建筑的栖身之处，利于消除人们的抵触情绪。

孵化过程（蒙太奇）[矶崎新工作室提供]

　　建筑历史可谓源远流长，20世纪是杂志、展览会、摄影及影像等最具影响力的时代，在世界建筑界具有举足轻重的地位。没有实际作品的无名年轻建筑家就在此时崭露头角。未建成建筑在现实世界中不存在实体，从这一意义上看，可以将其比作梦或无意识。1900年，弗洛伊德出版了《梦的解析》，此后，他更加致力于分析规定人类行动的无意识的构造，引领了20世纪的认知方向。与此同时，20世纪的未建成建筑参与了现实世界，撼动了实际的实体建筑。可以说，没有未建成建筑，就无法谈及20世纪的建筑史。

　　其实，不仅仅是20世纪，未建成建筑是超越时间的。它在召唤上古建筑的同时，还涵盖了未来的风景，具有时空交错的性质。当时，初露头角的矶崎新宣言"未来的城市是一堆废墟"，提议构筑未建成建筑。未建成建筑的形象可谓是一个"孵化过程"，是拼贴了希腊遗迹与未来建筑的制图。当同时代的建筑家正在单纯地以未来为设计方向时，矶崎新却选择了没有先例的战略。此后，在他的作品中，不断呈现出对废墟的追求。梦与无意识中不存在通常意义上的时间概念，在同一空间可以有多个时间与建筑共存。他14岁时，日本战败，废墟一片。所以，他提倡未建成建筑，因为这些建筑是未实现的，它们可以不受现实世界的污染而永久存在。矶崎新的作品提示了一个悖论，即非时间性的事物构筑建筑历史与建筑物语。

矶崎新的言论总是具有讽刺性。在他看来，"反建筑"正是建筑本身。20世纪末，浅田彰曾预感只有反建筑才可以成为下个世纪的建筑。这就等于是将"建筑"置换成了"建筑史"，也就是说，只有"反建筑史"才是真正的建筑史。

20世纪后半叶，媒体加速发展，矶崎新开始尝试在此后40多年的工作生涯中，每隔十年呈现出一个有代表性的未建成建筑。在矶崎新的梦想中总是蕴含着希望与矛盾。这可能是因为他经历了原子弹爆炸，目睹了日本战后的满目疮痍后，而造成的心理创伤。他的这些作品虽然未能实现，但他在当时的背景下提出了新的建筑体系，其影响力至今犹在。

矶崎新在20世纪60年代所呈现的未建成作品是多个空中城市与孵化过程，在比当时规定的31米高度还高的空中，构建了巨大的垂直核心筒在水平方向自生连接的体系。在他人介入的同时，还可以最大限度地提升自动生成的城市功能与密度。在丹下健三的东京计划1960中，矶崎新提出了与此相同的技术方案来设计该计划中的办公街区域。

20世纪70年代的计算机辅助城市（1972）计划借助信息系统，重组已有的建筑形式，将其融解在一个共同的空间。它预见未来城市既是分散型的如便利店般包罗万象，又共存着可称为时代界限的像过去的科幻那样的中央集权式的表象。

在20世纪80年代的东京都新都厅舍计划（1985）中，矶崎新导入了球状及金字塔等的柏拉图式立体形态，并镶嵌了蕴含风水理念的古朴几何学形态。这是一个错综结构的办公楼和一个体现民主主义的内庭广场。该方案拒绝采用超高层设计，违反了设计竞赛的要领，因此落选也在意料之中。最终，师匠丹下健三的设计方案在竞赛中胜出。

20世纪90年代，海市计划与深圳国际交易广场是矶崎新重要的未建成作品。它们以被压缩了的亚洲时空为舞台，前者是探索在信息资本时代网络型都市模式的多种可能性，后者是受到了当今中国高速增长的经济体系的洗礼。在海市计划的展览会上，矶崎新有效利用网络，以亚洲的人工岛

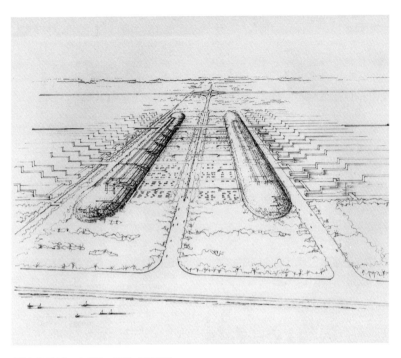

计算机辅助城市（鸟瞰图）[摄影：石元泰博]

为舞台，尝试开展虚拟城市的实验性项目。

在下一个千禧之年，现有的20世纪的那些建筑或许皆已消亡。那时，历史学家将如何回顾20世纪呢？在实物几乎都已不复存在的背景下，媒体信息或将成为人们的依赖手段。因此，矶崎新在明确的建筑理念下，致力于制作长久且耐用的木造模型，而不是拘泥于是已建成的建筑还是未建成的建筑。如果未来作为原型的已建成建筑消失，两者的差距或许会有所缩小。文艺复兴时代的木造模型留存了五百多年，这就是未建成建筑所取得的实际成果。或许未来的人类还可以从矶崎新留存的未建成建筑中窥见21世纪的建筑雏形。

领先时代的已建成建筑

了解了矶崎新的那些未建成建筑后，让我们再来看看他的那些已建成建筑。

20世纪30年代出生的矶崎新与黑川纪章都曾师从丹下健三，他们从年轻时起，就在世界各地广泛交友，作为世界主义者活跃在建筑界。国外的多个高层大厦及美术馆等也出自他们之手。黑川纪章不仅是新陈代谢运动的核心成员，他以佛教思想为基础的设计理念也享誉海外。另一方面，矶崎新以通俗的语言诠释理论，向世界传播了日本建筑的魅力。

矶崎新在四十多年的建筑设计工作中，敏锐地感知到时代的变迁。他用设计来表达自己的思想形式的同时，还发表了大量著作，成了引领建筑思潮的评论家。他担任过威尼斯国际建筑双年展及熊本艺术城邦计划专员，积极开展其他建筑家及艺术家等皆可参与的建筑项目。在法国巴黎的拉·维莱特公园、香港山顶、仙台媒体中心等热议的设计竞赛中担任评委，挖掘年轻的建筑人才，针对有争议的作品发表评论。他早年就与艺术家及学术工作者频繁交流，超越建筑家的身份，横跨多个领域，在评论杂志《Hermes》《批评空间》以及收集了国际建筑会议言论的《ANY》系列

（与浅田彰共同发表）等多个杂志中均有其发表的文章。

20世纪60年代，矶崎新以生动粗犷的清水混凝土的造型构想，设计了位于自己家乡的大分县医师会馆（1960）及大分县立图书馆（1966）。他还关注科技前景，自1965年后，比起构建静止的物理形态，更注重营造交互式的信息环境，提倡"看不见的城市"与"软建筑"的概念。米兰国际展览会上展出的电气迷宫（1968）根据出席者的动态做出反应，呈现出弯曲的镶板回转的新类别艺术空间。在丹下健三设计的大阪世界博览会的祭典广场（1970）中，矶崎新负责娱乐设施等的设计工作，打造了名为Deme与Deku的机器人装置。

20世纪70年代，矶崎新从城市撤退，相较于社会与设计的关系，他更提倡纯粹地追求几何学形态操作的方法论。比如，由连续的立方体框架所构成的群马县立近代美术馆（1974）、通过延伸或弯曲半圆筒状的拱顶来展开空间的北九州市立中央图书馆（1974）等，就是以挖掘建筑所固有的形式为设计主题的。这些设计风格以海外的俄罗斯形式主义的动向为依据。

20世纪80年代，矶崎新受后现代主义潮流影响，尝试引用历史主义建筑的样式要素。茨城县筑波中心大厦（1983）虽是日本的公共设施，但他选取了与日本无关的米开朗琪罗所设计的卡比托利欧广场以及克劳德·尼

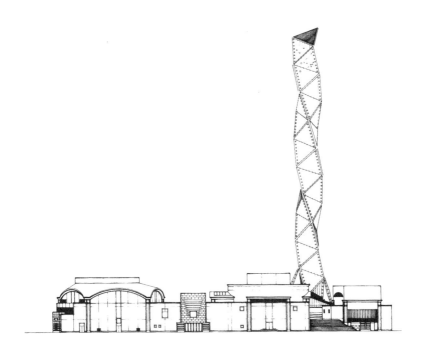

古拉斯·勒杜所采用的柱子样式等自己喜欢的西洋建筑的片段，将其大胆地镶嵌到筑波中心大厦中，成为人们热议的话题。此外，他还绘制了筑波中心大厦的废墟想象图。其后，他引进集西洋的黄金分割与东洋的阴阳说于一体的分割体系，设计了洛杉矶现代艺术博物馆（1986），并以此为契机，正式开始了在海外的设计活动。

　　1990年建成的水户艺术馆可以说是综合了矶崎新以往全部技术手法的作品。第一，该作品引用多个历史主题。如18世纪英国的约翰·索恩爵士及17世纪意大利的贝尔尼尼等欧洲建筑家的作品、莎士比亚的时代剧场及各种古典主义要素。第二,该作品运用几何学构筑建筑的形态。如在三角形的基座上堆积多个正四面体的塔、具有金字塔屋顶与三角形屋顶的矩形画廊、有内切圆的六角形演奏厅、组合了圆筒形与立方体的剧场以及采用了半圆与正方形样式的会场。第三,呈现出未来的建筑形象。如纪念水户市制百周年(1989)的城市标志性建筑,100米高纪念塔以钛合金裹面,银光闪闪,使人联想到未来科技。

其后,矶崎新仍不断更新着自己的建筑形式,而不拘泥于固有模式。特定的艺术作品与展示空间密切结合的奈义町现代美术馆(1994)以及以流畅椭圆作为外围造型的奈良百年会馆(1998)等皆出自矶崎新之手。20世纪90年代后,随着全球化的渗透,矶崎新的海外设计工作不断增多,主要作品有色彩鲜明的美国佛罗里达州的迪斯尼大楼(1991)以及北京中央美术学院的美术馆。进入21世纪后,有效利用计算机功能的造型设计变得尤为醒目。这些作品补充完善了矶崎新的建筑理论的同时,还在践行着新的建筑理论,为现今的建筑设计注入灵感,引领了时代的建筑发展。矶崎新不断地以原创作品诠释着他的理念,然而,他早期的作品已有一部分被拆毁,在频繁地撤旧建新的日本,很难像欧洲那样使建筑长久留存。

正因如此,矶崎新积极举办了回顾其设计历程的"矶崎新1960—1990"大型建筑展以及汇集其未建成作品的"未完成／反建筑史"展（2001），其后，矶崎新还使从巴黎开始世界巡展的，名为"间展"（1978）的展会在20年后重归故里，举办了以日本时空为主题的"间展之凯旋归国展"（2000）。他充分利用媒体，缝合了被现实与虚构割裂的作品，在历史舞台上留下了浓墨重彩的一笔。

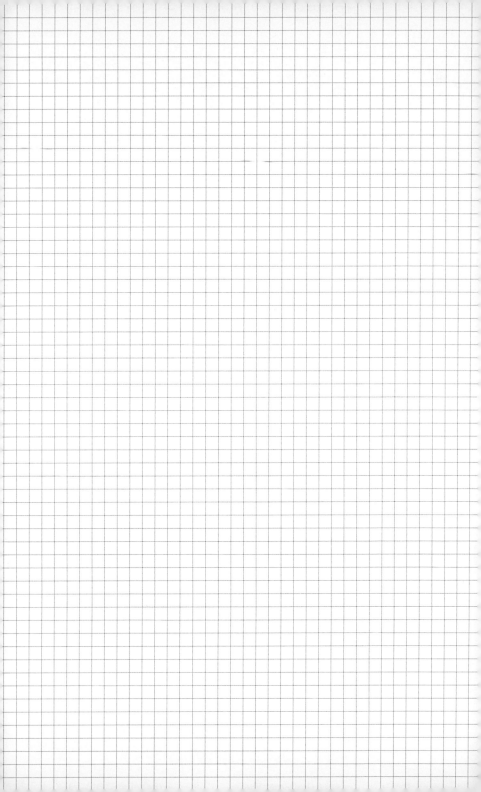

第二章 从封闭的箱体到开放的空间

1940—1949年生

安藤忠雄

寓于环境的混凝土几何学

西洋与东洋的对照镜

1941年，安藤忠雄在大阪出生，与伊东丰雄同年。日本现代主义建筑大师槙文彦将以安藤忠雄及伊东丰雄为代表的20世纪40年代出生，70年代开始崭露头角的一批建筑家称为"和平时代的野武士"。在这些野武士中，安藤忠雄的特别之处在于他曾是职业拳击手，并以自学方式学习建筑，成了日本著名的建筑大师。20世纪60年代，他周游日本，并两次去往欧洲，体验到了世界各地的建筑风格。1969年，安藤创立了自己的建筑研究所，1976年，设计完成了住吉长屋，并获得了日本建筑学会奖。住吉长屋是位于下町的一座小型住宅，安藤将主立面封闭的清水混凝土制的方形箱体插入其中，打造了如微型宇宙般内涵丰富的内部空间。与安藤同年出生的伊东丰雄所设计的中野本町之家也是相同的自闭式住宅。可以说，安藤的基本设计继承了勒·柯布西耶及路易斯·康等建筑大师所代表的现代主义的精华理念。此外，在住吉长屋狭小的建筑场地上，安藤用其中三分之一的建筑空间建造了中庭。只是如果遇到下雨天，去厕所就颇有不便，需要打着雨伞经过中庭。这也引来了人们的诟病。不过，这也表明了安藤在设计活动中尝试超越近代，给予近代素材以几何学的秩序，而不是拘泥

于建筑的功能性。

20世纪80年代，有效利用倾斜地形的六甲集合住宅（1983）及与河流相连的TIME'S（1984）等将自然与建筑巧妙调和的作品，奠定了安藤在建筑界不可动摇的地位。安藤最初的工作一直以住宅及商业设施为中心，从20世纪80年代末开始拓展到公共设施领域，设计了兵库县立儿童馆（1989）以及姬路文学馆等。这使得他的作品规模变大，通过巴洛克式的动力主义，曾在小规模住宅中所进行的设计在此得以扩展。比如大胆的开口、具有惊人效果的光与水、大型阶梯、深入地下的空间等都是他当时的建筑特色。位于兵库县的淡路梦舞台可谓是安藤的博物馆，被认为是充分展现其建筑手法的集大成之作。曾就职于菊竹清训事务所的伊东丰雄重视最新科技，追求轻型空间，而安藤则注重建筑的坚固性。排斥装饰的禁欲式清水混凝土是安藤常用的建筑素材。在西洋人看来，这种素材是日本极简主义的一种表达方式。海外的一些评论家还将其与禅宗和神道挂钩进行论述。自布鲁诺·陶德以来，日本古建筑常因其与简洁的现代设计相通而受到称赞。安藤也成功地运用现代素材，传递了传统建筑所蕴含的精神性。他的设计是现代主义的延长，可以唤起特定场址所具有的要素。也正因如此，提倡批判性地域主义的建筑评论家肯尼思·弗兰普顿从安藤的作品中感受到了日本人的感性，对其予以了高度评价。他表示，安藤就是他所提倡的批判性地域主义的实践者。西洋人谈到安藤时，总会提及日本的传统。木造建筑自不必说，即使是混凝土建筑，也与禅意的庭院、茶室、数寄屋（讲究实用的日本田园式住宅）、神社等息息相关。安藤的建筑设计委托人鲁西诺·班尼顿曾表示自己十分倾心安藤的建筑风格，它素简且具有东洋风韵，有别于西洋建筑。艺术家里查·塞拉也称赞安藤的作品在日本传统建筑中最具代表性。

然而，在笔者看来，安藤的建筑其实是有着浓厚的西洋风格的。比如，司马辽太郎纪念馆（2001）、新潟市立丰荣图书馆（2000）、安藤的大淀工作室内通道上垂直成墙的书柜，这些建筑风格在日本可谓是凤毛麟角，使人联想到西洋的伦敦大英博物馆的阅览室、维也纳的帝国图书馆等收藏古书的神殿，以及瑞典建筑设计师古纳尔·阿斯普朗德的作品。此外，安藤设计的狭山池博物馆（2001）的室外阶梯和水庭也与西洋的几何学式庭园类似。安藤自小在关西地区长大，对于日本传统建筑可谓是耳濡目染，然而，20世纪60年代，年轻的他毅然进行的欧洲之旅也一定极大影响了他的建筑思想。因此，在安藤的空间中也刻入了西洋的建筑性。

无论是我还是西洋的提倡者，可能都通过安藤的建筑，发现了本国文化中所没有的事物。安藤这面镜子映照出了颠倒的影像。中国艺术家蔡国强指出，在安藤的建筑中，可以看到与自然的调和和对比，它兼具东洋与西洋的两面性，抑或两者皆不存在。这样一来，从西洋可以感受到东洋，从东洋又可以感受到西洋，或许就是这种二义性蕴含了安藤作品的普遍性。毕竟仅有日本式的异国风情是无法成为世界级的建筑家的。

木造建筑的多种可能性

安藤通常被视为混凝土的建筑家。自20世纪90年代起，他开始将日本的传统素材——木，积极地引入到建筑中，受到了人们的关注。此外，他还追求木材可能呈现出的各种表达形式。

安藤最初构建的真正的木造建筑是塞维利亚世界博览会中的日本馆（1992）。由层积材梁柱构成的框架体系支撑起特氟龙薄膜屋顶，展馆外侧墙面覆盖着大型的曲翘护墙板，墙面呈弧形。整座建筑面宽60米、进深40米、高25米，堪称世界上最大的木造建筑。日本传统建筑的最大特色是称为斗拱的檐下的间柱结构之美。该建筑使用层积材，表达了这种日本古建筑中斗拱的构成美。除设计层面外，通过使用规格材料，推行预制装配式的建筑手法，有系统地开展工程等这些合理的方面也很重要。如果建筑采用混凝土材料，风干需要一定的时间，可能会拖延工期。但像世界博览会那样的工程需要在短时间内建成，因此，选择木造材料更有利于施工。

实际上，安藤在世界博览会之前也尝试过在临时工程中采用木造材料。1990年，在P3画廊中仅用四天就建造了装配式建筑另类博物馆（ALTERNATIVE MUSEUM）。当时，他叠加了工程专用的脚手板，搭建出椭圆形空间，将其涂抹成深色。另外，安藤在设计唐十郎的下町唐座剧场（1988）时，提议利用钢管鹰架这种通用的工地用建筑材料，构建在任何地方皆可方便建成的体系。据说当初他也曾考虑过使用木造的搭建物。他原本计划外墙使用黑色护墙板，屋顶使用红色帐篷，打造一个宽40米、高23米的十二角形的木造建筑。但无论是木造还是钢管，从规格部件的配置层面上看，其立意的出发点始终是没有改变的。

日本镰仓时代建造的奈良东大寺南大门，为在短时间内完成这一巨大建筑，也使用过规格部件，采用了仿南宋式这一新技术手法。其构造大胆

外露，木材肆意交错等特点都与安藤忠雄设计的塞维利亚世界博览会的日本馆及兵库木之殿堂相似。

兵库木之殿堂（1994）本是受托将塞维利亚世界博览会的日本馆迁址而开展的工程，但最终由于法规等问题而放弃迁址。两个作品中都有每四根柱子为一组的排列形式与覆盖护墙板的外墙。也就是说，兵库木之殿堂继承了塞维利亚世界博览会的日本馆的创意。然而它们也有不同之处。在塞维利亚世界博览会中，柱子是沿一条直线排列的，而在兵库木之殿堂中，为使其符合圆形的设计计划，而将十六组柱群回环排列。兵库木之殿堂的中央设有直径22米的圆形通道，行走在贯通通道的斜坡上，可以观赏到呈圆形切割的空中风景，如同设有圆形天窗的古罗马圆形神殿万神庙。兵库木之殿堂不仅是展示设施，还是一座木造神殿。如果你走入馆内，可能会震惊于它的立体感。尽管只是杉木的层积材，却使人联想到具有粗大柱子的古代日本建筑的那种雄浑感。

安藤不仅呈现了塞维利亚世界博览会日本馆及兵库木之殿堂这类雄劲的木造表达，还设计了纤细的木造建筑。据说当初光之教堂（1989）也有一个木造的设计方案。那时，他以基督教新教派别震颤派的宗教空间为意象，意图建造极简主义的建筑。此外，他构建的直岛南寺（1999），整体呈简单的长方箱体状，墙壁使用了用火将表层烧黑的烧杉板。它与混凝土作品的不同之处在于其屋檐大幅向外延展。

南岳山光明寺（2000）也是强调线条的纤细，而不是表达建筑的雄浑有力。在建筑外部，一方面，檐下的四段椽子继承了日本建筑井然有序的木材各部分的比例之美。平行的椽子与建筑呈直角向外凸出的方式也是日本式木造建筑的特征之一。另一方面，外墙的细柱与玻璃以间隔15厘米的距离交互排列，犹如皮膜，俨然是现代式的设计。这种传统的椽子与崭新的柱群演奏出了线条的和谐之美。建筑内部则由洋松层积材的梁柱构成。

混凝土是坚硬的建筑材料，但在凝固前仍具可塑性。它可以像黏土那样自由地变化形态。安藤赋予了流动的混凝土以几何学的秩序，以此构筑建筑。与此同时，他还从自然中取材，将木材组合后使用。安藤的木造建筑就是在其充分认识到这些素材的性质后产生的。

上野国际儿童图书馆 [作者摄影]

以建筑再生都市环境

自20世纪90年代后半期，安藤在沃斯堡现代美术馆等的设计竞赛中胜出，乘着全球化的浪潮，法国、意大利、美国及中近东等海外设计项目增多，多个作品也即将竣工。他在耶鲁大学、哥伦比亚大学、哈佛大学担任客座教授。1997年，执教于日本东京大学，并担任教授，声名远扬。兵库县立美术馆（2002）有着向外大幅延展的屋檐与被玻璃包裹的混凝土建筑主体，上野国际儿童图书馆（2002）有着在近代建筑中贯入的玻璃箱体，这些不同种类的素材凸显了相互的依存关系，表明了新的设计方向。

不仅在建筑界，安藤在其他领域也是具有社会影响力的少数建筑家之一。他在NHK等媒体中积极发言，阪神大地震后，安藤发起了植树运动，旨在构建绿色网络，增添绿意，并不断扩大其开展的范围。可见除建筑设计外，他还向人们展示了另一个身份，即社会改良家。这还体现在911恐怖袭击之后世界贸易中心大厦的重建工程中，他反对在世贸旧址上重建高层大厦，而提议构建一座镇魂之墓，由大型球体的一部分构成坟墓状景观，以纪念城市的伤痛。安藤在东京站画廊举办的"再生—环境与建筑"建筑展（2003）中，在巴黎、神户、东京等大型地图上记入多个作品的位置，他并没有将建筑作为单质看待，体现出他对都市环境中的连续性的认识。

2006年，同润会青山公寓旧址上建造的表参道之丘具有令人叹为观止的长度。该建筑全长约250米，统一的主立面连续不断。在中国，像此类将街区进行完整开发的建筑风景是很常见的，但在日本却极为少有。这也是安藤在东京最大规模的作品。他利用整排的桦树，以及分三阶段渐次降低的建筑楼层来调和景观，使人联想到过去的同润会所具有的规模感。表参道是一个倾斜的腹地，因此，建筑内的地面也有许多斜面，这些斜面呈螺旋状盘旋，自然地延续了六个楼面通道。19世纪后的百货商店建筑登场后，产生了大型的建筑内通道，以斜面围住的所有空间结构为单元。所以，不存在一楼或二楼这种封闭的空间区分，在室内也可以体会到店铺沿着坡道相互联结的街道感。表参道之丘就是过去这种建筑的延长，是被内部化的另一个表参道。此外，巨大的阶梯以及从上部引入光线的地下空间，这些安藤喜欢的主题也被积极地导入到了该建筑中。

表参道之丘 [作者摄影]

　　表参道的所在环境绿树成荫，趣味盎然，是继续传播新文化的场所。
它的确已不再是同润会，但在其旧址建造的表参道之丘，在维系城市记忆
的同时，还开始挑战新的风景。它再现了其前身同润会的部分外墙，并借
助绿化的屋顶及有落叶灌木攀爬的外墙，将建筑融入了环境之中。

　　内部设有研究设施及咖啡厅的东京大学情报学环福武大厅（2008）
建造在沿东京本乡大道，赤门与正门之间的狭长建筑基地之上，是一座95

米×15米的狭长建筑。该建筑未露出全貌，使用者可以自由地想象自己看不到的那部分空间的模样。与东京大学图书馆（1928）对峙的正面的长墙上，预留了一道直线缝隙，它将中央水平割裂，酝酿出紧张感。而从内侧眺望缝隙，校区在极细的构架内被切取，人在墙内会看到与以往不同的景致。这种狭长的建筑设计也曾应用在青森国际艺术中心（2001）的创意厅中。东京大学情报学环福武大厅有一半沉入地下，减少了对周边的威压感。连接地下两层大厅的开放空间是深入地下的阶梯状空间，这可能是安藤在年轻时代周游各国时曾目睹的印度阶梯井的一个缩影。东京大学已经被装饰为历史性建筑物，而其中关注环境且具有强烈造型意识的安藤建筑，又再次为东京大学增添了新的魅力。

为配合威尼斯双年展"国际美术展2009"而开放的威尼斯海关大楼博物馆，矗立在著名的威尼斯圣马可广场对岸。它是安藤对古老的威尼斯海关大楼的改造与重建，现今是实业家弗朗索瓦·皮诺收藏现代艺术珍品的美术馆。但从外观上看，很难发现安藤一贯的以几何学清水混凝土打造墙壁的设计手法。这是因为安藤在设计此建筑时，是以追溯到15世纪的海关大楼为对象，旨在修复与保存这一古建筑的形态。同样出自安藤之手的威尼斯葛拉西宫的改造，也具有相同的出发点。

威尼斯海关大楼博物馆的内部尊重了仓库呈长方形排列的原创空间，

并尝试添加了一些新的元素。他采用节制性的设计手法，将地面重新铺平，灵活利用斜面与阶梯，以一笔画的路线设定各个展馆。其中，将矩形通道空间插入到美术馆中心部的设计可谓是安藤在该建筑中的高潮部分。分为两层高度立起的清水混凝土墙壁成了新与旧鲜明对比的分界线。这虽然只是鉴赏作品的展示室，但从某种意义上来说，似乎可以看到混凝土墙壁所映射出的宏伟的极简主义艺术设置在美术馆内部。

在威尼斯海关大楼博物馆的二层，可以透过拱形窗口观赏到威尼斯的风景。而且，展示室并非仅是闭锁在作品之中的，从空中望去，其景致也是蔚为壮观的。它地处三角洲地带，充分利用了地理位置的优势。

除威尼斯海关大楼博物馆外，同时期在大阪的三得利美术馆举办的"安藤忠雄建筑展2009对决——水之都大阪VS威尼斯"中的作品也提示了建筑与水之间的关系，弘扬了大阪魅力。令人印象尤为深刻的是，从安藤设计的三得利美术馆中的第四层、第五层展示室，可以一眼望尽大阪的海。也就是说，水之都不仅局限在展示的模型与设计图中，还可真实地将其多样性呈现在观赏者眼前。表参道之丘及威尼斯海关大楼博物馆等是安藤的重要之作，它们与具备历史威严感的都市空间对峙，充分发挥着连接未来的重要作用。

伊东丰雄

信息化时代的新建筑

下诹访町立诹访湖博物馆·赤彦纪念馆
[伊东丰雄建筑设计事务所提供]

水的原风景

伊东丰雄少年时代是在长野县山中的诹访湖畔度过的。

他的作品下诹访町立诹访湖博物馆·赤彦纪念馆（1993）面向湖面，如同回旋镖般柔缓地勾勒出一道长长的弧线，管状的造型沿水平方向延展。该作品回避了以现代主义为基调的严格意义上的形态，而以流动性设计为意向。这也是20世纪90年代后伊东作品风格的一个转折点。伊东在其后设计的松本市民艺术馆（2004）选址在南北走向呈酒瓶状的建筑用地上，柔缓延展。笔者在走访诹访湖时，看到他的那种不定型的如流水般的建筑形态，猜想这种设计意象可能正是源于这里的原风景。据说伊东当时每日就是在观望诹访湖中往返学校的。不过，他并非是在成为建筑家后就开始了这种设计的，而是在他50多岁时，如同回到原点般开始了这种新的设计方向，并得以开花结果。

在此，我们可以将伊东与同是长野县出身的建筑家藤森照信作以对比。藤森是作为建筑史学家成名之后，才开始了实际的设计活动的。茅野市的藤森的处女作神长官守矢史料馆（1991，见119页），柱子穿破檐口，具有令人瞠目的奇特造型。它的后面是悬浮在离地6米高处，名为"高过庵"（2004，见125页）的树屋。据说在它的旁边还计划建造一个掘地的"低过庵"。相对于伊东的水平轴线，藤森更突出垂直轴线。藤森是在这附近的山中村落长大的，可能受到了诹访大社的御柱祭这一祭祀活动的影响，他的研究喜欢偏向于古代的巨石阵或树木信仰，如同向原风景的回归。守矢家族世代负责诹访大社的祭祀，史料馆中也展示着祭祀的历史。在御柱祭中，人们会在抬拉巨柱后，乘巨柱从急坡下滑。藤森的建筑就如同这种粗野的祭祀活动，使古代的强劲形象在当代复苏。

诹访湖至少从14世纪起，就举办了名为"御神渡（Omiwatari）"的有趣的祭神仪式。在冬天湖面结冰后，受昼夜温差影响，冰面不断地膨胀与收缩，最终导致变厚了的冰在轰响中崩裂。从湖岸的这边到那边，形成了高30厘米至180厘米如山脉般的起伏冰凌。其风景如同罗伯特·史密森及迈克尔·海泽等现代美术作家所创作的大地艺术。人们将诹访湖的这种现象称为"御神渡"。传说它是诹访神社上社的男神建御名方神去见下社的女神八坂刀壳神而留下的足迹。最初出现的南北走向的线被称为"一之御神渡",几天后在同一方向上出现的线被称为"二之御神渡",起于东岸与这两道正交的线被称为"佐久之御神渡"。祭神仪式通过拜观这些现象,实地分析这三道御神渡的方向,占卜是丰收还是歉收。

自然气象现象产生了形状不规则的线,冰的裂纹隆起,创造了意想不到的美妙形态。故乡的诹访湖所带来的生动的冰的造型,可能恰好暗示了伊东追求新的几何学的方向性。值得一提的是,不仅是其设计的作品,伊东对设计工作的态度也有如水般的流动性。比起单方面地贯彻自我,伊东更注重汇集身边的人,使其人尽其才,形成一个团队来共筑建筑。在他的设计现场,新建筑是产生在由众人组成的网络组织与沟通的基础之上的。记者泷口范子对伊东和雷姆·库哈斯这两位活跃在全球化时代的最重要的现代建筑家的生活、工作进行观察记录,并写成了书籍,对两者做了对比性的描述。借用她的记述,便是"积极行动的库哈斯,被动地将发生的事转化为其他趋向的伊东"[1]。伊东本人也说过,"接受对方的批评,至少得思考一遍看自己的想法是否能被改变……我总是在想如何通过接纳对方的意见来进化自己的观点。"[2] 如果说库哈斯是狰狞的肉食动物,那么伊东就应该是温和的草食动物。

建筑危机的彼岸

关于水的意象,另一个颇具趣味的是,在日本泡沫经济的蓬勃期,后现代主义建筑盛行的1989年，伊东所写的表明决心的重要文章《不浸入消费之海就没有新建筑》[3]。他认为这是建筑危机的时代。

在这篇文章中，伊东表示，"我想要关心的只有一个问题，即在这样的时代里，建筑还能作为建筑而成立吗？如何在消费背景下将建筑当作一种享受，这个问题也绝不应抛在脑后。建筑几乎被同化成时尚，不仅是建筑师与室内装饰设计师，就连平面设计师与文案策划的职能也正在变得难以分辨。正因如此，我认为在这种消费背景下，有必要彻底探寻建筑成立的可能性。"

伊东认为，针对消费社会，出于保守的价值观，一味地批判其现实性的丧失是不会有成果的。并指出，"我觉得现实性不是在消费的前面，而只存在于完成了消费之后的阶段中。因此面对消费的海洋，我们只有一个办法，便是沉浸其中，游弋其中，直到在对岸有所发现。"但这又并非是沉溺于消费的海洋，而是与其面对面，"彻底地探究建筑成立的可能性。"毫无疑问，伊东渡过了泡沫经济的海洋，并成功地深入展开，到达了对岸的"新现实"境界。这就是他的基本态度。

如果将上段话中的"消费社会"替换为"信息化社会"，应该也能说明20世纪90年代之后的状况。在建筑陷入危机的信息时代，需要探求建筑新的可能性。进入90年代，在设计现场，电脑普及，在计算机画面上形态的变化、戏谑的虚拟建筑或网络建筑被赞不绝口。此外，与网络终端连接的如物流仓库般的便利店、具有大信息屏幕的商业设施也在现实城市中出现，甚至出现建筑将被消灭的流言。被称为信息空间的事物是很难可视化的，新的技术抹杀了建筑。这就是建筑的危机。维克多·雨果曾说过，作为新媒体登场的书籍抹杀了大教堂。那么计算机这种新技术会使艺术性建筑失效吗？

好像与其对抗似的，伊东将计算机的可能性导入设计中，使建筑复苏。仙台媒体中心就是伊东的标志性项目。它的开业令我印象深刻。2000年12月31日的深夜，当迈向21世纪的倒计时到达零点时，玻璃门大开，市民蜂拥而入。配合新的千禧年的开幕活动，2001年1月1日，仙台媒体中心开馆了，仿佛象征着新的建筑时代的到来。

仙台媒体中心的诞生

仙台媒体中心项目的启动始于一张草图。据说伊东在机场时闪现了一个构思，于是他迅速画下了草图，并将其传真到事务所。这就是仙台媒体中心的起点。

标注着1995年1月23日的草图中，伊东描绘了一个内有6条水平线的矩形箱体 (4)。透明的箱体内部6根柱子在摇摆舞动，直径也在变化着。乍一看，谁会想到这个像水槽的图形是建筑的草图呢。实际上，从伊东在草图

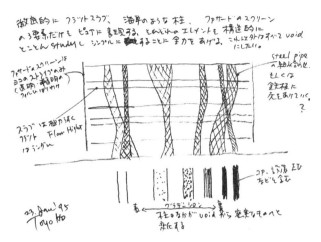

仙台媒体中心／设计竞赛时的草图
[伊东丰雄建筑设计事务所提供]

上的笔记看，可知他是以水箱中摇摆着的海草为意象的。也就是说，植物的意象是他构思的源头。在他的草图中，还写着一些引人注目的话。

例如，"纯净的无梁楼板、海草般的立柱、主立面的幕墙""纯粹地表达三要素。尽可能地在结构上彻底研究各要素，将其简单化。除这之外的所有空间空白化"等。此外，还有关于无梁楼板、立柱、主立面的说明。"无梁楼板尽可能轻薄、平整，楼层高度随机"；立柱是"钢管的组合、或在铁板上开洞"，并且包含核心、设备、电梯等在内，"柱子内部由中空渐变为密实"呈阶段性过渡；"主立面的幕墙只有横向的条纹（覆以透明或半透明的薄膜）"。总之，在这张草图上基本列举了媒体中心的主要特征。

1995年3月，在仙台媒体中心的国际设计竞赛中，伊东丰雄取得了胜利。当时，他的树脂模型美得令人窒息。专门负责制造该模型的制作者也预感到，该项目将孕育以往未曾尝试过的结构 (5)，其坚信伊东会在这场竞赛中胜出，因此当伊东事务所告诉他伊东获得了一等奖时，他毫不惊讶。因选择激进的设计方案而为人所知的矶崎新在这场设计竞赛中担任了评委。实际上，在赋予该设施日本首个"媒体中心"这一名称上，矶崎新是功不可没的。他要求竞赛的参赛者，应给予信息化时代中的公共设施以全新的建筑原型。

建筑界也受到了伊东的获胜方案的冲击。想必许多人会认可他的设计方案的新颖性，但同时也会质疑该方案的可行性。建筑家佐佐木睦朗最初看到设计草图时，认为它几乎是脱离现实的 (6)。但是，伊东在充满雄浑诗情的制图中任想象驰骋，并参加了项目的实施。他提议，"由细钢管材料的格构柱构成透明的管柱，并将其作为主体结构……由钢制夹层结构构成尽可能薄的楼板等。"

在设计竞赛六年后，仙台媒体中心诞生。该设施的正面面向仙台定禅寺大道，侧面有停车场及小型建筑，没有广场。因此，仙台媒体中心的一层可以说是一个开放的公共场所。媒体中心的最大特征就是，以板（楼板）、管筒（立柱）和表皮（幕墙）来取代传统的建筑中的板、柱和墙。其具体构成为：6块50米×50米铁制的正方形楼板，整体呈大型的盒子状，外围是嵌入的玻璃幕墙，另有13根网状立柱贯穿各个楼板。

建筑的幕墙呈现多样性。南面覆盖着双层玻璃幕墙。东面和北面由玻璃及铝制材料构成。西面与屋顶面排列着铁制天窗。由此形成具有多张面孔的多面体。而且，该建筑各层的高度也各不相同。此外，它还避免了相同事物的重复，委托凯瑞姆·瑞席及妹岛和世等多位设计师设计各层的设施。连每层天花板的润饰与色调等室内装饰也各有千秋。因此，每层都可被视为一个不同的世界。

透过管筒的世界

仙台媒体中心以弯曲的管筒代替垂直的柱子。巴洛克式建筑中的扭曲的柱子是相同尺寸的反复，基本上呈规则排布，即使扭曲，也沿垂直方向延展。然而，媒体中心的每根管筒的尺寸与形状却是各不相同，分布也是散乱随机的。这些管筒的直径2米～9米不等，它们既是扭曲、倾斜的支撑结构，内部又流动着阳光、空气、水、电、人、信息等各种要素。这是一座透明的建筑，从外部也可看到这些要素。而且，通过管筒，还会感觉到上下层的活动情况。因此，不仅是水平方向，垂直方向的透明性也通过管筒显露。总之，管筒就是建筑的新要素，外观是柱子膨胀的变形，而内部又承载着中空的通道空间。

初见仙台媒体中心时，可能会感觉它的平面和截面与让·努维尔设计的由一些中空圆锥向上或向下贯穿着楼板的柏林老佛爷百货公司（1995）相似。只是让·努维尔在中央通道设置了如巨大万花筒般可反射周边风景的圆锥，只有这一部分是作为商业空间向客人开放的，而其他的小圆锥部分并不面向一般客人开放。然而，仙台媒体中心中所有的管筒都是可视的，向市民公开开放。而且它的空间更具流动性，而非中心化。

仙台媒体中心完工时收到了许多评论。有人批判它未能像最初展示的建筑形象那样极具创新，有人觉得它的一层空间像汽车陈列室。的确，在建造期间，做了一些改变。比如，最初计划随机设置的13根管筒有所变更，而且扩大了的建筑四角使建筑看起来与一般建筑多少有些相近。另外，为防止管筒下落，便于安装使用空调，一些管筒外部包裹了玻璃。由此导致玻璃与管筒的框架相互重叠，建筑的透明感减弱，其设计理念也变得不够清晰透彻。

下面，让我们从伊东的经历出发，对其作品加以定位。伊东生于1941年，1965年毕业于东京大学，1965年—1969年就职于引领了新陈代谢运动的菊竹清训的事务所。实际上，在伊东的作品中可以看到，他承袭了师匠的动态构造，将其融入了自己的设计中。从菊竹清训事务所独立出来后，1971年，伊东与月尾嘉男创办了名为都市机器人（URBOT）的设计事

中野本町之家（White U）
[伊东丰雄建筑设计事务所提供]

务所。仅从这一名称中，就可以看出其与20世纪60年代以来流行的技术至上主义之间的联系。20世纪70年代，伊东设计了对外界封闭的住宅——昵称为"White U"的中野本町之家（1976）。该住宅具有将白色管筒弯曲成U字形的内部空间，可以说是一个典型的内向型住宅。从他设计的黑的回归（1975）以及中央林间之家（1979）等住宅中也可窥见筱原一男的影子。当时的伊东受到东京工业大学的筱原一男研究室的成员及多木浩二等好友影响，对于有深度、无等级体系的建筑抱有兴趣。

然而，到了20世纪80年代，追求的是向城市敞开的结构与外观的设计。在其自宅银色小屋（1984）中，天棚呈现出轻盈空透的拱形。在外部包裹着冲孔金属的横滨风之塔（1986）中，通过控制灯光效果，来反映车站前的噪声及温度等周边环境的无形变化，使建筑成为一个可视化的媒体题材。20世纪90年代，伊东的工作中心开始转移到长冈音乐剧场（1994）等日

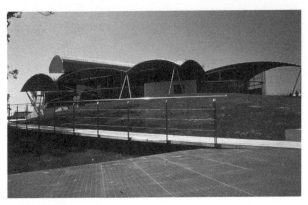

八代市立博物馆
[伊东丰雄建筑设计事务所提供]

本各地开展的公共设施项目上。八代市立博物馆（1991）就是其转向公共设施的一个转折性建筑。该建筑通过前方堆土使建筑与景观一体化，减轻了大体量的视觉效果，将在住宅规模上可实现的轻盈意向成功引入到了公共设施上。

颇有意思的是，虽然伊东的作品风格有很大改变，但仙台媒体中心却延续了他早期作品的一贯风格。以前，笔者在采访伊东时，了解到了以下内容[7]。在其处女作铝之家（1971）中，伊东在中心处设置了垂直的圆筒，不仅把它作为导光筒，还将其作为信息终端来定位。换言之，我们可以从铝之家的圆筒预见到仙台媒体中心的管子。在他的建筑中不仅可以看到水平方向的透明性，也能看到垂直方向的透明性。另外，在笠间之家（1981）中，伊东已将空间的等级体系解体，旨在打造一个漂流着不同形态片段的平面空间[8]。

信息化的建筑

　　1985年，在东京游牧少女的敖包的艺术空间中，伊东针对住居形象，提出了在柔缓的帐篷中只布置床和女性化的少量家具的方案。它如同飘舞在空中的布，既不像古典主义中的多立克柱式建筑，也不像勒·柯布西耶所设计的体现强健男性身体那样的建筑。它并不丰满，却又娇嫩柔软，如同经常光顾便利店的少女的身体。在该项目中，当时伊东事务所的成员妹岛和世不仅担任了该设计的模特，还参与了这项设计工作。该建筑并非是旨在构筑健康身体的矫正装置，而是赋予建筑以带有流动感的崭新躯壳。有趣的是，新艺术时代的身体形象也具有柔美等女性特征，将其想象成不断与自然有机融合的事物。由于作为新的"自然"的"信息"环境的出现，两者才共有了同一个形象。

　　仙台媒体中心的模型所强烈表达出的建筑原理，使人联想到勒·柯布西耶设计的近代建筑的模型——多米诺形态。但是，相对于以整齐有序的几何学为基础的传统多米诺，仙台媒体中心则导入了不规则的力学。在以机械为建筑模型的时代，勒·柯布西耶是以多米诺为原型的，而伊东的媒体中心形象是信息化时代的新多米诺，而且还是摇曳摆动着的多米诺。在该背景下，蕴藏着的是身体被双重化这一伊东的设计理念。

　　伊东认为，我们既有作为生命经历的身体，也有突破这个范畴的另一个身体。过去近代建筑的均质空间对应着这些状态，但在今天这已经是远远不够的。由于数字交流而被扩展的身体，与近代的严格意义上的身体有所不同。伊东表示，信息媒体的身体需要飘浮着的，不被场所束缚的空间。

在20世纪60年代，麦克卢汉论述了衣服、掩蔽物是我们的皮肤的扩展。伊东认为建筑应是具有柔缓流动的皮膜的媒体外套。"建筑是被扩展的衣服，被扩展的媒体外套……身体包裹着透明的媒体外套的人们定居在虚拟的自然、媒体的森林中。他们是媒体森林中的'泰山'（美国小说家埃德加·赖斯·巴勒斯所创造的架空人物，丛林中的超人）。"(9) 建筑于是成了信息化的游牧民的建筑。总之，流动性是连接新的身体与建筑的重要概念。这与以往的建筑完全相反。因此，伊东为了表达这种流动性，运用有机造型的管筒，并将海藻等植物形象作为参考来进行设计。

植物隐喻

那么，伊东为什么以植物为设计形象呢？

20世纪末，数字技术的迅猛发展使空间的概念发生了很大改变，甚至出现了信息化使人们不再需要"建筑"的言论。这是因为它与功能性的部件集聚所构成的机械不同，我们无法将信息化的空间形象可视化。信息不是物品，它没有重量，是看不见的网络。

然而，有趣的是仙台媒体中心以植物为线索，尝试构建信息化建筑。

伊东表示，仙台媒体中心与其说是建筑，不如说是一个森林般的空间。由焊接钢管构成的网状管子，看起来如同树木，与建筑前面成排的榉树相呼应。呈网状排列的柱子构成了有序的空间，而管子的插入，又打乱了均质的空间。在被树木限定了空间的森林中，两个相同的场所是不存在的。因此，在仙台媒体中心，伊东通过营造自然的空间，以实现各种空间的差异性。可见，自然成了该建筑中重要的隐喻。他表示，"仙台媒体中心是叠层的城市森林。它是智慧的建筑，智慧的森林。"(10) 可以说，在世纪之交的转折点上，自然也给予建筑家灵感，孕育新的设计。

2000年12月开放的都营地铁大江户线的饭田桥站是以计算机辅助设计而为人所知的。这是前卫建筑师渡边诚的杰作。该作品也是以植物的形象贯彻整个建筑的。异型花瓣覆盖在地铁的入口处。金属的花十分硕大，仿佛在不合时节地盛放。其高度几乎将近四层楼。而地铁站内部像是植物的根，绿色的铁制网架结构沿着电梯延展，其中长的部分可达120米。此处的设计不是建筑家手绘的，而是利用计算机程序自动生成的。当时，增加网的分支的场所以及不可入侵的场所是由建筑家预先指定的，这些就如同是光照及营养等植物生长的初期条件。实际上，渡边诚曾表示，他的设计就是将"建筑的种子"埋入地下，并使其发芽、生长。从饭田桥站追溯到一个世纪前的巴黎，当时新艺术主义的建筑家赫克托·吉马德也运用以植物为主题的装饰，设计了华丽的地铁入口。这两个相隔一百年登场的地铁站具有相近的背景与相同的设计方向。

2000年，伊东在鹿特丹建筑博物馆演讲时，有听众指出仙台媒体中心使人想起安东尼奥·高迪的建筑[11]。当时我也在现场，刚听到这一发言时觉得很奇妙。但仔细想来，又确实如此。安东尼奥·高迪是西班牙的现代主义，也就是新艺术主义的建筑家。他多用曲线的有机造型，在追求结构上的可能性的同时，也充满了装饰性要素，唤醒了身体上的感觉。只不过，伊东的设计所具有的强大透明感，截然改变了这种印象。

仙台媒体中心体现了信息化时代的形象。尽管如此，该建筑仍具备高度的建筑性。换句话说，伊东不是通过放弃建筑来表现信息的形象，而是始终采用建筑的方法，来把设计提升到一个新台阶。更准确地说，应该是他通过建筑性的手法，消除了以前的"建筑"。信息技术作为建筑的外部因素威胁着建筑的存在，而伊东对此却奋力抵抗。在此，将世纪之交诞生的仙台媒体中心，与大约一百年前注重艺术性建筑，席卷欧洲的新艺术进行比较是别有风趣的，因为它们皆参照了植物的形象。

数字新艺术

新艺术作为断绝历史要素的前卫派的开端而登上历史舞台。它完全不参照过去的样式，而是如字面所示，以追求"新的艺术"为目标。不过，新艺术也并非是没有任何参照的。它从充满生命力的自然及植物中获得灵感，因此也被称为"花的样式"。如果观察细节，常会看到在其中直接模仿了植物的部分。新艺术利用铁容易弯曲的性质，构建了弯曲绵延的华丽造型。当然，这是在现代主义将建筑设计的手法定型化之前。曾风靡一时的新艺术虽以短命告终，但当时不仅在建筑领域，包括西服、珠宝工艺品、花纹、壁纸、家具、餐具等在内的所有生活细节中，都使用了流动性线条这一主题。

新艺术最早是在建筑的危机中诞生的。19世纪末的建筑是从机械化、铁、玻璃及混凝土等进步技术中所淘汰下来的。在此，让我们回顾一下19世纪的建筑史。当时，铁及玻璃被大量生产，成为可代替古建筑中的石头和砖瓦的新素材，由此，利用这些新素材筑造建筑的可能性开始萌芽。然而，当时的建筑家并不知道应该如何使用这些新素材，只好牢牢抓住作为艺术被保存下来的过去的建筑样式，埋头于换衣的设计中。这些建筑家接受了学院派建筑的教育，只要对样式运用自如，便可保证其作品的艺术性。

实际上，真正创造出可连接20世纪的造型的应该是那些没有接受过正规建筑教育的技师们。例如，出自约瑟夫·帕克斯顿之手的水晶宫（1851）以及出自古斯塔夫·埃菲尔之手的埃菲尔铁塔（1889）。约瑟夫·帕克斯顿是温室方面的技师，古斯塔夫·埃菲尔是桥及铁路方面的技师。他们并非以传统样式装饰设计建筑。现今，在近代建筑史的教科书中，这些作品被定位为近代建筑的开端。然而，在当时的建筑家却很难认同它们是艺术性的建筑，据说还出现过一段广为人知的文艺工作者批判埃菲尔铁塔的插曲。

19世纪的建筑界是被割裂的，分为了执着于古老建筑样式的传统建筑家和开始使用新素材的技师。艺术与技术之间出现了一道难分的界线。的确，19世纪的建筑家并未亲自创造出与近代生活相符的新设计。当然，从法国的维优雷·勒·杜克对建筑的合理诠释等，也可以看出在思想层面一些建筑家也在积蓄着近代思想。然而，总体来看，作为艺术的建筑即将灭绝。如果建筑失去了样式，所有的造型通过计算来导出的话，就变得不再是艺术了。长此以往，非艺术性的建筑便会随处可见。

在这种背景下，新艺术诞生了。新艺术的样式不仅切断过去，还利用铁容易弯曲的性质，使其充分发挥作用，此外，它也在响应着近代化体系，对规格品进行批量生产。思想家瓦尔特·本雅明指出，新艺术是"固守在被技术所包围的象牙塔里的艺术的最后的出击尝试"。也就是说，新艺术在引进新的技术可能性的同时，追求艺术性建筑的起死回生，寻找复活的机会。这一构想在20世纪末仍然适用。

虽然20世纪80年代盛行后现代主义建筑，对过去样式的引用泛滥，但伊东却拒绝参照安德烈亚·帕拉第奥和克劳德·尼古拉斯·勒杜那样的历史性的设计，而着眼于植物性的东西，就像安东尼奥·高迪及新艺术逃离了19世纪死板的样式建筑，而以植物为参照一样。20世纪末，信息化的浪潮开始涌向建筑界，由于数字技术的迅速发展，空间的概念发生了很大变化。而渡边诚的饭田桥站超越了类似形态的层面，在设计程序的层面参照植物，为建筑注入了新的生命。伊东的仙台媒体中心也如同建筑界的响雷，诞生了新的几何学的宇宙。

融解的空间

伊东常常会提到便利店。他表示，随着可迅速供应生活必需品的便利店的普及，即使家中空无一物，也可以生活。人们开始期望住在单间里，家庭与住宅的功能被解体。然而，伊东并非对便利店持否定态度，也没有号召人们返回到以前的状态。他反而将其作为建筑的新条件来思考。

伊东将仙台媒体中心称为"媒体的便利店"。如同便利店将不同的商品陈列在货架上一样，该建筑积蓄着各种各样的信息。在便利店，无论是绘画还是书籍，所有商品都被等价对待，任何人都可以便利地访问。由此，便利店成了将差别化的等级体系解体的积极契机，并因此受到了关注。在曾经的现代主义的时代，工厂作为功能性设施成了建筑的模型。而在现今的信息化时代，便利店成了公共设施的模型。

为打造史无前例的日本首个媒体中心，诞生了由多木浩二、铃木明及小野田泰明等组成的项目委员会，并制定了指导方针《媒体中心宪章》。

《宪章》登载了以下三点[12]。

1.提供最尖端的服务精神

根据使用者的需要，灵活应对。

2.注重节点，而非末端

最大限度地利用网络优势，探索连接未来的可能性。

3.超越一切障碍，获得自由

超越健康者与残疾人士、使用者与运营者、语言与文化等的障碍。

这些指导方针使人联想到便利店，如同一个超平面的社会。在当代，便利店已不只是为夜间在外闲逛的年轻人提供服务的场所，它还为那些行动不便的老人提供食物配送服务。可见，现今旧态的公共设施参照最新的商业设施已不足为奇。伊东指出，将来博物馆、美术馆、图书馆及剧场等各种设施会相互融合，形成一个连续的空间。也就是说，一切都会统合为一。而且，这些便利店般的公共设施已经不再是象征性的存在，以往的设施将被重编，融解在都市之中。

当然，已经实现的图书馆也很难说是脱离了以往的形象。而且，短期的美术馆也是普通的建筑，数字档案馆的资源也并不丰富。更遗憾的是，与国外的设施相比，网络环境也称不上良好。作为高中生学习场所的公共设施也同样不够完备。但是，在当时的官僚制度下，仍通过有关人士的努力，去除了许多障碍。伊东的建筑就是考验使用者想象力的设计。

伊东追求有摇曳感的建筑。仙台媒体中心破坏了程序与空间之间的明快关系。近代建筑家认为，每个房间应该具有其特定的功能。而伊东使房间从功能的束缚中解放出来，将限定的空间演变为随机的空间。建筑也不是闭锁的空间，而是构成都市空间的一部分，具有与周边环境相适应的舒畅感。

伊东指出，近代建筑是建立在分割思想之上的。根据功能性分类的要素的集合营造出了整个建筑的体量感。人类的活动被简单化，根据功能被分割。因此，当时要求建筑家不断别具匠心地设置功能性的房间。然而，伊东却为营造可对抗这种近代建筑的连续性空间，列举了以下五个建筑理念[13]。

1.无接缝。

2.无梁。

3.无墙。

4.无房间。

5.无建筑。

伊东决定采用隐藏细节的设计手法。他使用最先进的造船技术，焊接无缝的铁接缝。梁要求遵循网格或模数等的规则，以蜂窝状楼板取代梁。

通过去除墙，营造流动性的空间。被限定的房间要求特定的行为，而以管筒代替被限定的房间，便可营造出多样的场所，使人们可以根据所期望的行为自由选择相应的场所。一般来说，行政应该决定设施的使用途径，而使用者只是被动地接受这些规则。然而，媒体中心追求的是如街道上可自由使用的那种空间。另外，管筒内部具有的连续性空间，也是20世纪90年代的建筑界所喜闻乐见的建筑主题。这样看来，管筒可以称得上是整个媒体中心建筑的象征。

而前文所提到的第五个理念"无建筑"，对建筑家而言可以说是自我矛盾的。那么，伊东是如何走出这种进退维谷的境地的呢？伊东通过正确的建筑方法，将"建筑"进行解体。在某次演讲中，他一边向听众展示着仙台媒体中心的幻灯片，一边坦言自己其实并不想在建筑中嵌入玻璃 (12)。在先前参加的仙台媒体中心设计竞赛中，伊东所提供的建筑模型并非是每个面都镶满玻璃的。在他看来，玻璃不仅是透明的物质，偶尔也具有强大的存在感。但是，如果没有玻璃，便不可能完成现实的建筑。其实，这种进退维谷的境地并未得到解决。媒体中心是存在于矛盾之中的 (14)。它建造在个人的梦想与社会的现实间的夹缝中。但也可能正是这种状况才真实地传达了建筑与信息之间的复杂关系。

仙台媒体中心以后

不过，伊东的思想并未局限于此，它还实现了进一步的脱胎换骨。这正是在考虑媒体中心以后的活动上，真正令人惊讶不已的地方。

2004年，当笔者计划连续研讨会"替代方案·现代"时，在伊东的演讲中，功能、抽象、生产以及时间的概念发生变化，信息化功能、自我生成的几何学、农业生产、非线性的过程等作为新的建筑原理被提出。从他构筑的这些言论中，令人感受到他在作为现代主义的正统继承者的同时，又有着试图跨越其条框的顽强意志。不言而喻，他列举的那些关键词与其说是建筑式的，不如说任何一个都是介于自然与人工之间的庭园式的。而且，在伊东的演讲中，令人记忆最深的是，他似乎已从各种规定中被解放出来，甚至已经达到了一种觉悟的境界。和结构家的合作、对自由的造型及色彩的敏锐的感觉、唤醒身体本能的自然空间，这些都体现了伊东在与他人建立关联的同时，积极投身于变革的建筑家的形象。

"替代方案·现代"是笔者的造词。这是基于可能有的"现代主义在当前逐渐出现"这一假设之上的。如果说后现代主义是对既有的建筑的修饰性操作，"替代方案·现代"则是在具备新艺术或表现主义等多种趋势的同时，再次将收敛于国际风格中的现代主义的可能性进行释放。或许，伊东便居于这种可能性的中心位置，并提示出通过简单的规则而实现复杂

福冈岛城中央公园体验学习设施"Grin Grin"
[伊东丰雄建筑设计事务所提供]

空间的新几何学，以及偶尔兼有的结构新装饰。在日本，伊东的事务所人才辈出，涌现了如妹岛和世等一批优秀的新生力量，他们如国家的矿脉般具有举足轻重的地位，可与丹下健三事务所以及伊东曾就职的菊竹清训事务所比肩。

　　进入21世纪，伊东迈出日本，在西班牙、比利时、英国、法国、新加坡、中国台湾、美国等世界各地展开活动。更难得的是，在完成仙台媒体中心那样的高潮之作后，事业本来可能会略有停滞的伊东却接连不断地开拓出更广阔的新境界。以一笔画的线条轨迹来确定开口形式的蛇形画廊（2002）、如植物叶脉般的科英布拉的圣克鲁斯公园的展馆方案、被树形般的混凝土结构所包裹的TOD'S表参道大楼（2004）、使人联想到生物器官的台中歌剧院等，他如神灵附体般疾驰在现代建筑的最前端。

下面，让我们来看看伊东的一些其他项目。以花与绿为主题的福冈岛城中央公园的体验学习设施"Grin　Grin"（2005），混凝土的曲面如同环绕大地般呈螺旋状蜿蜒起伏。雕刻与模型的尺寸都极为简单，但这就是建筑，与在同一设施中展示的大帛斑蝶的蛹的形状相似。屋顶上开了一条大口子是用来向建筑物内采光的顶窗。Grin Grin的内部是温室，屋顶是一条被绿化的景观步道。从温室沿着指定路线，便可直通屋顶。这种表里形成转换的建筑营造出了一个内外相连的空间。该项目的结构设计交由佐佐木睦朗结构规划研究所负责。也就是说，在该项目中，伊东在呈现出基本的形态后，充分利用电脑进行解析，从力学角度推断出不合理的部分，将其自我修正，逐步改进形态。由此，制定出最符合力学原理的合理造型。建筑家的直觉与最新的形态解析相融合。这些程序如同生物在成长过程中所形成的贝壳或甲壳，符合自然的造型法则。Grin Grin的外观覆满绿色，几乎与周边的公园同化。建筑的姿态消融于自然中，令人联想到日本动画大师宫崎骏所营造出的动画世界。该建筑采用了与自然体系相近的设计手法的同时，也成了一道风景，融入了周边的自然之中。

伊东在多摩美术大学新图书馆（2007）中设置了多个现代建筑所忌讳的拱形，但他并非单纯地回归过去，其大小不等的拱形排列设计在古典主义建筑的常识看来根本是不可能的。它所呈现出的感觉也不同于表现主

多摩美术大学新图书馆（八王子校区）
[摄影：石黑摄影研究所]

义。歪曲的平面上延展着明亮的如洞窟般的空间。一层的地面配合着延展的坡道用地，平缓地倾斜着。它将近似自然地形的设计带入建筑的内部，从脚底刺激着我们。在伊东的个人作品展览会"伊东丰雄 建筑｜新现实主义"展（2006）中，不仅展出了模型、图纸，还尝试针对诉诸我们身体感觉的地面的蜿蜒景观进行操作。

这次展览会不是回顾古老的作品，而是介绍了伊东在仙台媒体中心以后的近作，是其在结构方面大胆尝试的实验。也可以说，本次展览会截取了以迅猛的气势创造出前所未有的设计的伊东的现状。2007年，在"新现实主义"巡回展的相关论坛上，笔者作为主持聆听了伊东的演讲，由于他的理论进化不断加速，令人感觉到只有在他的周围所流淌着的不同的时间 (15)。不能一味地消磨时间，必须不停地做出改变。这对评论家来说是非常复杂的事，即使要写关于伊东的文章，也会被伊东不断做出改变的新现实所淘汰。因此，他们被迫必须不断地更新观点。前文阐述的伊东关于身体的意象，恐怕也正在转移到感应物质的喜悦那样的充满生命力的事物上。而今，在世纪之交登场的仙台媒体中心，仿佛已经是很久远的事了。

译者注

(1) 泷口范子著《日本的建筑家 伊东丰雄·观察记》，TOTO出版社于2006年出版。

(2) 见《对话日本详谈》2007年12月刊。

(3) 伊东丰雄著《透层建筑》之《不浸入消费之海就没有新建筑》，青土社于2000年出版。

(4) 见《JA伊东丰雄2001》2001年41号刊。

(5) 伊东丰雄著《模糊建筑》，Charta出版社于1999年出版。

(6) 佐佐木睦朗著《构造设计的诗法》，SUMAI图书馆出版局于1997年出版。

(7) 见《美术手帖》2000年5月刊。

(8) 伊东丰雄著《风的变样体》之《形态的溶解》，青土社于1999年出版。

(9) 伊东丰雄著《透层建筑》之《媒体森林中的人猿泰山》，青土社于2000年出版。

(10) 伊东丰雄《透层建筑》之《都市透明的森林》，青土社于2000年出版。

(11) 引自2000年10月"荷兰建筑博物馆研讨会中的演讲"。

(12) 《仙台媒体中心概念书》，NTT于2001年出版。

(13) 伊东丰雄著《GA DETAIL 2: 仙台媒体中心》，2001年出版。

(14) 伊东丰雄《永远未完成》，建筑资料研究社于2001年刊载。

(15) 引自"新现实主义"展研讨会。

坂本一成

自由建筑或多层系统的构成

多层的决定系统

1999年，坂本一成设计的SA住宅（House SA）竣工。2002年"间画廊"的坂本一成展"住宅——日常的诗学"在名古屋的爱知淑德大学巡回展览期间，笔者作为演讲会的听众，有幸得到机会参观该住宅。见到SA住宅时，我大吃一惊。原因之一是，该住宅拒绝明快的风格，而在其他层面对理论追究到底。

笔者认为，在判断一个物体是否是"建筑"时，它是否可控制全体，具有贯穿始终的理论性应是很重要的线索标识。它未必是指感觉舒适的空间。当然，最好是能两全。设定了一个规则后，基本上会自动深入到细部的决定上。这可以说是杰出的"建筑"的条件。英国的高技派建筑巨匠诺曼·福斯特的作品就是如此。此外，无论看起来多么具有幻想性与装饰性，只要以结构上的逻辑为背景，就可以判断安东尼奥·高迪是建筑家，而佛登斯列·汉德瓦萨不是建筑家，而是画家。

然而，SA住宅就是突破上述假设的建筑。它并没有既定的规则支配整体。虽说如此，但它又并非是不着边际的，而是表明了建筑的一种存在状态，即多个逻辑同时存在。它虽然具有接近三层楼的高差，但地面的高度不断推移，没有楼梯间。或者应该说整个建筑本身就是一个楼梯间。总之，这是一个没有楼梯间的家。一般的作品用这一点作为理念就已经足够了，然而 SA 住宅并不愿止步于这种明快的表现。

难以理解的建筑

SA 住宅的特征在于，它由从入口开始向右旋转上升的空间和向左旋转下降的空间构成。暂且可将其描述为呈螺旋状连接的空间形式。然而，坂本并未将其直白地表达出来。二层的外观强调与一层的断绝，并通过错位布局，营造出像是不经意放置上去的感觉。如果仅从墙壁与屋顶的形状来看，是很难看出它的螺旋造型的。其实，在 1995 年的初期方案中，始于入口前设置的车库的螺旋构成是十分明显的。然而，在最终确定的方案中，另外设置了从车库到庭院贯穿的轴，螺旋之间夹着的部分使构成复杂化。因此，螺旋这一建筑设计主题就变得难以理解了。坂本表示，要避开过于明快的构成手法，而对设计进行改变[1]。应当说，其设计上的难以理解是坂本有意为之的。

坂本常常使用"反类型"这个词。这是为了表明不依赖于已被确立的形式类型这一态度。当然，螺旋是空间类型学中的一种。比如，巴洛克式建筑的螺旋阶梯，或建筑家毛纲毅旷运用双重螺旋元素设计的钏路市立博物馆（后者如 DNA 结构般相互重叠）。在弗兰克·劳埃德·赖特设计的古根海姆美术馆中，大胆的螺旋造型为来馆者提供了按顺序鉴赏作品的

SA住宅（内景）[摄影：太加西·轰马]

动线。也就是说，螺旋这一形式伴随着强大的意义。也正因如此，坂本才要从中逃离出来。或许出自坂本之手的螺旋状坡是作为周围倾斜基地的延长，而在住宅内部产生的。

其实，SA住宅是坂本的自宅。建筑家自己就是其自宅设计的委托人，这种少有的背景，使得设计者不必被外行委托人的喜好左右，因此，其呈现出的作品可谓是最能直接表明自己的设计思想的宣言式作品。菊竹清训的天空之家（Sky House）（1958）及东孝光的塔之家（1966）等许多自宅都凭借实验性的设计，成了建筑家的成名作。但是，此处的情况比较特别。在SA住宅的解说文字中，并未写明这是坂本的自宅。笔者也是在坂本的陪同下，实际参观后才确信这是坂本的自宅的。

据说，SA住宅是按照如下要求设计的。"由于委托人的任性，在确定了基地的面积后，还想要求比其更大的面积。并且，还不想建造两三层的（笑）。但这不就矛盾了吗？于是，当我意识到这点时，就将平面分成小块，无意中就将平房空间连续起来而获得了面积。"[2] 听起来就像在说与自己无关的事。其实委托人正是坂本的妻子。自宅是最能表达建筑家个性的产物。按照自己所想的去设计，这个道理是显而易见的。但如果委托人是设计者的妻子，那么即使是自宅，也并非是自我意志的扩张，而应将其定性为是由外在条件所引导产生的建筑。

笔者曾在坂本的著作《对话·建筑的思考》的书评中这样写道[3]：

"坦白说，坂本一成给人的印象是一位难以理解的建筑家。他拒绝简单理解的态度，这可能是起源于他未被席卷20世纪80年代建筑界的后现代潮流冲走……可以说他一直贯彻的是非常节制的设计。而且，坂本自己就是对其作品最好的评论家，而不是像矶崎新那样的建筑家。"

笔者的这个基本认识至今也没有改变。坂本的建筑不追求面向媒体的通俗易懂，也不上镜。实际上，据说从没有人是在看到建筑杂志后委托坂本设计的。坂本本人也表示，"似乎没有人在杂志上看到我的作品后想把它建造出来。"[2]

SA住宅并非是突然产生的，而是坂本在30年的设计生涯中的集大成者。因此，要分析这座住宅，首先要回顾它的设计历程。

从封闭到开放

为配合展览会，坂本举办了以"从封闭到开放、解放"为题目的演讲会。正如题目所示，可以说明大体的趋势是从封闭到开放的。

散田的家（1969）、水无濑的町家（1970）、云野流山的家（1973）等初期作品，皆是远离被公害污染的都市、对外封闭性住宅。当时坂本表示，"'封闭的箱体'可以说是抵抗现代社会的矛盾与混沌的文化世界的堡垒。"[4] 这是在抵抗外部的混沌的同时，在内部建立秩序。这种认识与20世纪60~70年代的建筑界的动向不无关联。20世纪60年代，丹下健三、黑川纪章、菊竹清训等人陆续提出了未来的都市计划，并在现实的都市中进行大规模的开发。然而，在世界博览会结束，迎来石油危机的20世纪70年代，建筑家从都市中撤退，开始设计自我封闭的住宅。

1976年完成的安藤忠雄的住吉长屋和伊东丰雄的中野本町之家就是代表性的例子。这两个建筑面向都市的主立面皆为混凝土墙壁，基本没有开口。但是后来又将建筑向外部敞开了。到了80年代时，伊东借助穿孔金属板和全玻璃幕墙使建筑融解，旨在营造将内部与外部的边界暧昧化的空间。安藤也并未将外墙打造成混凝土的箱体，而转用玻璃围合的构成，尝试开放的设计。将主立面从具有重量感的混凝土墙壁变为透明玻璃这一安藤的理念转变是比较容易理解的。但坂本从封闭向开放的转变就并非如此

水无濑的町家 [坂本研究室提供]

易懂了。这是因为从坂本之前设计的封闭性住宅散田的家、水无濑的町家以及云野流山的家的外观来看，也都有不小的窗，所以很难将它们视为封闭的箱体。

　　然而，坂本并未将主立面的表达方法作为问题看待，而是将建筑的构成作为问题来再次进行思考。他将"box in box"，也就是"套匣"的空间构成，或者说是房间配置的包含关系，称为"封闭的箱体"。他还表明，上述住宅即使有像窗这样的开口部分，但在构成上也并不连接外部与庭院。的确，那些窗不与庭院地面相连续，也不能够使内部与外部的地面层相连接。与其说是窗，不如说它是个小房间，就像内侧的凹室向外侧膨胀。散田的家的凸窗，是以障子的镶嵌为前提的，所以虽然光可以照进来，但并不是为向外眺望而设置的。那是裂开的空洞的大黑穴，就像要将外部吞进去的装饰用假窗那样。坂本表示，封闭式和开放式的区别"不是由开口的有无和大小等特征决定的，而是在很大程度上与空间配置的构成方法有关”[1]。

“封闭的箱体”随后获得了“家型”的外观，转向房间的邻接关系，以此打造开放的空间。作为其分水岭的住宅，是与住吉长屋和中野本町之家同年竣工的代田的町家（1976）。面向道路的主立面上只有一个小窗和大的车库开口，玄关隐藏在深入左侧内部的地方。所以，给人以封闭的感觉，然而，混凝土的屏障虽然阻断了直接的进入，但却具有从车库通向内庭的视觉上的连续性。

也就是从这时开始，坂本对“起居室”等带有功能性意义的房间名称抱有疑问，为了将语言相对化，坂本开始在图面中使用“主室”“间室1、2”“外室1、2”“室1、2”这些强调空间关系性的名称。但在其后，坂本的建筑平面图在刊物上发表时，有很多甚至连“主室”“间室”等房间名称都没有。这样做通常会给人以陌生感，使人难以对各个房间的用途一目了然，不利于对空间的理解。毕竟我们在看图样时，往往是以房间名称为线索去想象空间的。而坂本却将房间名称漂白，使构成关系不借助名称，而借助图样浮现出来。这可能是源于他对基于功能的“室”这一思考方法持有怀疑态度。

坂本作品的变化并非是直线性的。南湖的家（1978）就又回到了套匣的构成。他不是戏剧性的彻底改变，而是在反复体味中推进作品风格的。"家型"外观也在坂田山附的家（1978）和今宿的家（1978年）中被再次使用。散田的共同住宅（1981）有四个山墙，虽然是集合住宅，看上去却像独栋住宅。然而，祖师谷的家（1981）却又打破了家型这一外观，变成了由三角及半圆等几何学元素的组合。当时也是后现代主义时期，风格主义倾向强烈，结构和外观的分歧也很显著。20世纪80年代，坂本开始探究覆盖空间的屋顶，以取代"家型"这一外观。

坂本的后现代

评论家多木浩二将坂本的设计活动整理为以下几个阶段 [5]。

第一阶段，是在筱原一男极具影响的背景下，坂本试图摆脱其影响而进行住宅设计的时期。如果说筱原是追求美的戏剧性空间，那么坂本则是倾向抑制这种空间。的确，出自孤傲的建筑家筱原之手的设计作品，即使是住宅而非宗教设施，也会出现令人难忘的象征性空间。多木浩二表示，筱原是浪漫主义者，致力于构建达到精神上的高潮的建筑，而坂本则致力于反高潮。这是因为坂本曾师从筱原，但尝到了挫折，意识到自己无法成为筱原那样的建筑家。筱原在划分空间时，会清晰地呈现出内部空间与外部空间，而坂本却更关心两者之间的关系。坂本并非为了在某处营造焦点而创造光与影，比起创造高潮，他更注重探究相互关系的构成。

第二阶段，是面对消费社会中的住宅商品化，如诉诸大众媒体广告的

散田的共同住宅 [坂本研究室提供]

房屋制造商等，而对家型的意象进行调查的时期。但他并未将其作为对一

般人而言产生意义的后现代符号的主题应用到自己的作品中。通过大学的

研究活动，坂本分析了与自身完全相反的社会状况，反射出自身的立场。

如果说相田武文的积木之家使用的是符号化的三角形，阿尔多·罗西的建

筑使用的是作为纯粹形态的三角形，内藤广使用的是具有结构式意义的山

墙，那么坂本所表达的家型也可看作是构成问题，是给予空间以整体性的

装置。而且，针对山墙的斜率部分，为避免其具有哥特式的垂直性或包容

力的倾斜度，而进行了细致入微的处理，拒绝意义的产生 [6]。

　　消费社会的设计与建筑家的设计常被人说成是商品与表现这种二项对

立的关系。但是，坂本对这种简单的构图也有质疑。他指出，虽然被消费

所控制的人一般倾向于世俗意象的家，然而拒绝它的建筑家所设计的住宅

作品最终也只能是自闭的意象中的家。他说："即使对构成这种现实的消

费社会不能全面肯定，但至少不能彻底否定……有必要注意到的是，只有在对'意象中的家'的适度违反的状态下，本来的'居住意象'或'居住愿望'才能成立。而首先能做的只有从这种认识出发。"[7]

这句话让我想起了伊东的宣言，"不浸泡在消费的海洋中就不会有新的建筑。"[8] 从70年代开始，坂本和伊东两人与筱原及多木等人关系密切，有不少共同的经历，所以他们对于时代的认识有所相似也不足为奇。而且，从70年代的封闭到80年代以后的开放，两人在作品风格上的变迁也是并进的。此外，伊东也追求游牧民族的帐篷式轻型遮蔽场所。不过，通过建筑所呈现出的表达方式会有所不同。

坂本表示，自己想要从更广阔的世界的关联中把握建筑，于是便开始对"形"这一问题产生了兴趣。但是，"形"与社会的关系并无根据，无论对这种关系有怎样的理解，都会在那样的理解下趋向作为构成的建筑。"如果后现代之后的形态操作类的事物是设计，那么设计也只不过碰巧是当时社会的嬉戏而已。对建筑家而言，构想设计之前的构成是十分重要的。"[9] 因此，对于在评论家查尔斯·詹克斯在其著作《后现代建筑语言》中所提倡的符号学的设计手法，坂本是持回避态度的。形式所唤起的社会意义只不过是一种恣意的关系。

坂本还说："我也认识到，将外观设计得新奇与秩序是没有关系的。

所以在泡沫经济时期，针对商业建筑，减少了对于格外新奇的形式的抵触。"[10] 总之，比起表层的设计，坂本更重视构成与秩序。他对产生权力性等强烈意义的对称性也没有兴趣。当然，关于后现代动向，坂本表示自己受到了罗伯特·文丘里所说的"包容（inclusive）"这一思考方法的影响。这不是非此即彼的单选的排他态度，而是囊括并重合了各种要素的态度。

不设计的设计

坂本是一位寡作的建筑家。即使在泡沫经济狂热的20世纪80年代后半期，也只是完成了F住宅（House F）（1988），没有设计资本投注的商业设施项目。或者可以说，坂本不是在野的建筑家，而是一位身处大学，从事教育和研究工作的建筑家，显然与时代潮流保持着一定的距离。他有自己强烈的主张，选择了与喧嚣的后现代设计不同的方向。在此，我想引用一段略微冗长，但却可以很好地展现坂本立场的文章[11]。

"'建筑'要刺激我们的想象力，提出美和意义，才足以成为建筑作品……但是……我对建筑的期待并不是上述刺激想象力的形态和空间的美，或感动的根源，不是给予建筑本身以力量的'积极意义上的建筑'。与其那样说……还不如说我所期待的是自由活泼的'作为环境的建筑'……我们从与空间或构成形式的关联中获得自由，然后产生新的活动，建筑通过这种形式而与人们相关联的存在状态可称为'作为形式的建筑'……这种建筑的主题不以一般意义上的建筑设计为前提。"

在坂本设计的F住宅中，钢架柱群分叉出枝状的管子，支撑着覆盖了建筑物内部和外部的顶棚。家型完全解体，呈现出如地形形态般的顶棚。形态没有统合整体，而是分散的。四个主立面也是散乱的，没有强烈的正面性。这是一个拒绝完成感的住宅，没有包含关系下的完结性。

20世纪90年代，作为新城项目的一部分，坂本设计了与禁锢在西欧古典街道意象的设计教条进行格斗的幕张港湾城4号街（1995）等一些集合住宅项目。多木将此评价为不得已而与社会条件进行格斗的第三时期。坂本的禁欲态度是对资本主义过剩性的对抗，在进行消解意义的批判的同时，"通过一直以来与资本主义对决的形式，将构成显现出来。"

在星田（Common City）（1992）中，坂本并未将斜面状的基地修建成一般的阶梯式，而是修成坡状，将住户分散布置，以获得连续性空间，使来访者联想到如迷宫般的古老街道。坂本表示，"这种杂乱感和理解上的难度并非是近代新式街道的特点"[11]。这是因为它并没有统合整体的明朗的总设计。在建筑中所尝试的手法，此次在城市规模中得以展开。另外，在星田中这种不分节的思考方法，或许与伊东所设计的规模不同的仙台媒体中心是共通的。20世纪90年代，认识到不可靠的社会状态和解体了的暧昧身体，从而对新的建筑进行摸索，在这一点上两人也是有所交集的[11]。

江古田的集合住宅 [坂本研究室提供]

在江古田的集合住宅（2004）中，坂本将各层的矩形平面一分为二，纵横的方向逐层交互更替。比如，第三层的分割墙呈东西走向，第四层的墙呈南北走向，并且将两层在通高处连接起来使之成为跃层式住宅。换言之，从东西向展开的空间上楼，就会到达南北向的长空间。这样一来，确保了住户交叉跃层，每户都能朝向东西南北四个方向的面。在四角，每户都有各自直接入户的专用外部楼梯和阳台。如果建造公共走廊，就需要更多保护隐私的屏障，然而像江古田的集合住宅这样建造，就能在避开他人视线的前提下，创造出开放的空间。或许只有这种二层＋二层＝四层的体量才能形成这样的构成。江古田的集合住宅就像由L形空间组合成的立体拼图一样。但是，并没有将内部的空间构成原样地表现在外部，而是赋予了其他规则。外观通过色彩、素材（材料）及栽种（植物）等，呈现出四面不同的表情，创造出外部与内部的分歧。也就是说，该建筑具有开放性，但又绝非是简单的，而是具有坂本式的复杂的关系性。

坂本不太喜欢建筑作品这个说法。"作品"这个通称与伴随着艺术家署名的作家性相关联。他还说过没有设计的"不设计"的问题。关于熊本市营托麻团地（1994），他接收到了"哪里存在着设计"这样一个批判性的感想，认为这是个很厉害的评价。这大概会让人想起围绕着非作家性的议论吧。然而，这应该不是偶然的。发起议论的橘子组（MIKAN）的成员正好是坂本的弟子。在与建筑史学家藤冈洋保的对话中，坂本有过如下发言：

"那就像在社会巨浪中漂浮的东西，其中拥有最好的状态的，是尽可能避免自身具有的个性，避免能够生成强烈意义的个性的东西。虽然藤冈你刚刚说作家会消失，如果可以，我也希望如此。不过，那样的事绝对不可能的。显现出来的情况是，不要说作家的消失是不可能的，就连作家性也是越消除就越会出现出人意料的状况。我想，可以说这就是现实的本土环境，看看非常通俗的世界所具有的存在状态后就会明白。"(12)

坂本还谈及了作家性的微妙的平衡。他表示，自己虽然受到罗兰·巴尔特的《写作的零度》（1953）的影响，而追求意义的零度状态，但最终还是认为不可能。虽然坂本也持非作家的态度，但这里与橘子组的成员是有所不同的。坂本担心，作家性的消除会带来大众化的粗俗设计，但同时他对强烈的个性又并未持肯定态度。毕竟只要有可能，他还是会选择使意义薄弱化的方向。另外，同样是反高潮的建筑，如果说橘了组考虑的是将现实的日常性扩展的话，那么坂本追求的则是另一种日常性。这可能与探究从制度中解放出来的自由空间有关，但又并不是伴随着戏剧性的革命，而是平行的日常从细微日常的间隙中探出头来。下文很好地传达了他的思想。

"梦想着让建筑空间挣脱纷繁的枷锁而获取自由。寻觅着从未见过的自由空间……这种空间并未处于特别的时间与空间之中，而是在极其日常的理所当然之地，在极其普通的恒久时间之中……在这日常间隙的深处，能窥视到另一处日常的踪迹吗？我似乎感觉到，在普通的理所当然的日常深处，存在一个我们未曾见过的更加自由的世界。并不特别，也不极端，就在日常事物的排列构成中，进而在这些构成要素的关系中，再而在那些重组中，有作为连接另一处日常的修辞而存在的诗学……满怀着这份期待，在拥有最日常空间的住宅之中，去捕捉另一处日常，以寻求作为自由空间的建筑。[13]"

集大成的SA住宅

下面让我们再回到SA住宅。在该建筑中，有无法还原为一的多种逻辑在运转。坂本深入解读了建筑的外在条件，甚至到了过剩的程度。那些有着简单想法的建筑是无法与这种复杂的操作相比较的。用电脑做比喻，就像是第二代之初的大容量电脑，进行着庞大的计算。而从这种个人化的过剩操作层面，又可以让人想到米开朗琪罗所创造的风格主义建筑这一杰作中的浓密空间。

平面的形状大体上顺应着基地的边界线。2in（英寸）×12in（英寸）的木料等间距并置形成了墙壁。这种墙壁也影响了日本犬吠工作室（Atelier Bow-Wow）的Asama住宅（House Asama）和DAS住宅（DAS House）等建筑。而SA住宅的屋顶成了南向布置OM太阳能住宅的长方形太阳板的起点。其他部分分为七个面，被调整成形状不规则的平面。其中四个面是扭曲的，利用框材打造出双曲抛物面。也就是说，根据变形的几何学得到的屋顶造型，不是作家性的积极的表现，而是基地及OM太阳能住宅等诸多条件相互争斗，最终使屋顶造型成了像地形那样的面的组合。

这样的屋顶，虽然明显是由F住宅的屋顶发展而来的，但进一步增加了形态的复杂性。它们决定性的不同之处在于，F住宅的各个屋顶面是由从地面伸出并分叉的钢柱支撑，而SA住宅既没有支撑屋顶的柱子，也没有划分房间的墙壁，它是一个开阔的大空间，屋顶与连续的地面完全分离。F住宅在像树林那样的支撑结构体系下，屋顶的各个面根据力学计算与柱子相连接，由此必然会产生等级性。而SA住宅并不趋向于空间的统合，而是将多种逻辑并置其中。

坂本旨在利用存有差异的各部分之间的关联性创造出连续的空间。在SA住宅中，通过螺旋状连续的空间，来消解房间的概念以及一层、二层的制度。房间名称由表达功能的关系转变为仅表达现实的关系，最终将整个住宅变为一个空间，由此房间本身消失了。这种大的开放空间，与其说是原有的住宅，不如说更像是一个工作室。《建筑文化》1999年8月号登载的平面图中没有任何房间名称，仅仅记入了表示高差的数字。这在建筑杂志中是个特例。在同一期中，只有坂本研究室出身的犬吠工作室的川西町营别墅（1998）同样没有标明房间的名称。附带提一下，冢本由晴和西泽大良的著作《现代住宅研究》（2004）也严格遵守了这样的图面标记方法。

SA住宅的连续空间可以解释为，是星田中的坡地建造手法在住宅内部的展开。缓缓上升的地面不仅在住宅内部，在外部也有同样的连续，墙壁框架营造出了缩减的透视图法的效果，并将空间由停车场引向庭院。SA住宅建在倾斜的基地上，透过庭院的纤维增强复合材料（FRP，人造塑料）打造的格子，可以望到对面的山峦。而且，半透明的FRP的绿色与自然的绿色相互共振。

开展的建筑操作如果过于复杂，便会像反构成主义那样，地板与墙壁夸张地倾斜，形成不舒适的空间氛围。而在SA住宅中并未出现这种情况，它能够使人产生想要在此定居的舒畅感。更令人惊讶的是，这座住宅摆放了很多家具与收藏，比起它刚刚竣工后空空如也的室内景象，更令人满意。一般而言，刊载在杂志上的建筑家的住宅就像是相亲用的照片，空空如也的空间就是最美的状态（新建住宅展示时，基本也是以这种空空如也的状态供参观者观赏的），而当住户开始使用后，房间里的东西越多，就变得越难看。但是，SA住宅却是能够把握住户的全部家当的自宅设计，即使空间放置了很多物品，也仍然不会扰乱空间。仅就这点而言，我们就可以评价它是具有包容力的建筑。可见，坂本在设计时，把手头有的家具放置后的状态也考虑进去了。顺便说一下，神宫前（Quico，2006）是坂本少有的商业设施之一，在该项目中，他仍采用了SA住宅的空间模式，这也证实了这种空间模式适用于物品的陈列。西泽大良曾指出这个住宅确实设定了多种尺度，而这种细致的考量尽可能避免了建筑与物品之间的相互排斥，营造出具有高度包容力的空间 (14)。

坂本曾说过，"我觉得SA住宅以及T之屋等最近的设计呈现出强烈的未完成感，其实那是有意为之的。说到未完成感是什么，那是对完结性的消除。未完成感还关乎'时间'的问题，给人以时间包含其中的感觉。" (15) 换言之，这是针对仅依靠建筑来完结空间这一做法的抵抗。这就是自由的建筑。

朝着另一种平面的建筑

如果将以一个系统控制整体的建筑称为普通的"建筑"，那么可以将SA住宅称为多种系统同时在各处起作用的多核心的"建筑"。藤冈洋保对这座住宅的用意进行了准确的分析。

藤冈指出，"那是避免控制整体的原理和系统，缓和了部分与整体的关系，从而创造出允许部分拥有一定程度的自立性的世界。它所遵循的思想线索，没有贯彻始终的原理，没有等级，没有目的（理想），也没有中心（顶点）。"[16]

下面，让我们将这段话与下文进行比较。

"没有标准的摄影角度，没有进深，没有分层结构，没有内部，或是没有'人'。但是，有丰富的视线，将全部作为焦点，有网络，有运动。于是，有了'自由'。[17]"

这段文字表达了艺术家村上隆所提倡的"超平面"概念。它与藤冈的表述极为相似。或许可以从超平面的脉络出发，充分解读SA住宅。超平面是可简洁阐释90年代设计的概念，在建筑领域，它的特点是对平坦的主立面的强调，或者是对等级化的消解[18]。笔者认为，像SANAA建筑事务所设计的那种简单明快，消除了等级的建筑可谓是此类建筑的代表之作。然而，SA住宅又揭示了平面的建筑不一定以上述方式存在。它是自由的网络建筑。的确，它没有90年代惯有的透明性。但是，坂本表示，如果一味地打造很多开口的话，就太容易让人想到表面的开放性了[1]。总之，只有建筑的构成才是问题之所在。

具有一部分的重复与重合关系，且受外界支配的半网格状的模式，可以用来阐释SA住宅。用坂本的话来说，就是"在SA住宅中……各个部位分别独立对应各种外部条件，它们的配置与组合形成了内部的空间。为此，各个部位不分层级的并列与并存，呈现片段化而不统合为特定的方向，从形式上来说，可以说是非完结化的"[1]。

从超平面的视点来研究的话，坂牛卓的阐释也颇具趣味。他以内部用柳桉木胶合板来统一的南湖的家（1978）和T之屋（2001）等作品为例，提出了坂本主要作品的共同特征，即整体看上去是以相同方式收尾的"全盘（all over）"状态。于是他表示，"全盘的表现就是……非常的多中心化。比如在'南湖的家'中，当家具被全部制作完成时，我们的视点没有被固定在特定的某处。换言之，人们不能从看到的东西中汲取意义。"[15] 视点不被限定，可以说是超平面的特征之一。

T之屋是弥漫着飘浮感与透明感的建筑。2in（英寸）×10in（英寸）的材料制成的格子状的墙壁与平坦的覆盖物的存在是等价的，它们同时兼作房间中的门窗扇等，可以说是"全盘"的。由此寻求一种将内部与外部的固定关系拆卸融解的开放空间。比起SA住宅，T之屋更明确清晰地传达了90年代式的感性。但是，从某种意义上说，它可能是非坂本式的上镜的建筑。

学者型建筑家的坂本，并未画过很多草图，而是通过语言来与学生交流，致力于设计工作的。强势的草图会变得风格化，从而带有某种拘束力。如果掌控不好，徒弟就会陷入对师傅的拷贝之中，就会变成无意义的再生产活动了。为了避免这种情况，防止陷入对自己的模仿中，坂本将已经确立的方法论解体，使思考能够朝不同方向继续推进。或许，在教育方面的效果也会随之产生。当然，他的自宅是卓越的作品这一点也很重要。

正是如此，坂本对东京工业大学一脉的建筑家都有着深远的影响。下面将与他的项目相关的人员的名字进行列举：高桥宽、奥山信一、橘子组的成员加茂纪和子和曾我部昌史、上原雄史、犬吠工作室的成员冢本由晴和贝岛桃代、小川次郎、寺内美纪子、三村大介、黑田润三、久野靖广、安森亮雄等。在持续开展设计活动的东京工业大学研究室里，可谓是人才辈出。其影响一直延伸到1976年出生的藤村龙至。作为其设计风格的延续，坂本播撒了许多未被消费的种子。新一代的建筑家们，继承了他设定的各种问题体系，通过各自的方法，让各自的课题开花结果。他的弟子们在坂本的熏陶下，开启了20世纪90年代之后的建筑新纪元。

译者注

（1）引自2002年7月27日坂本一成在爱知淑德大学的演讲"从封闭到开放、解放"。

（2）引自渊上正幸对坂本一成的采访（http://www.com-et.com/colonne/002/sakamoto/sakufu.htm）。

（3）五十岚太郎《在资本主义时代探寻建筑的构成》，《图书新闻》1996年9月14日刊载。

（4）坂本一成《"封闭的盒子""符号的表达"和"即物性"》，TOTO于2001年出版的《住宅——日常的美学》。

（5）坂本一成与多木浩二著《对话·建筑的思考》，SUMAI图书馆出版局于1996年出版。

（6）坂本一成《住宅中的建筑性》，TOTO于2001年出版的《住宅——日常的诗学》。

（7）坂本一成《住宅不仅仅是所有物》，TOTO于2001年出版的《住宅——日常的诗学》。

（8）伊东丰雄著《透层建筑》，青土社于2000年出版。

（9）引自世纪之交的"建筑会议"中的发言。

（10）引自"建筑与方案"座谈会中的发言。

（11）坂本一成著《作为构成形式的建筑》，INAX于1994年出版。

（12）引自《建筑文化》1994年9月刊。

（13）坂本一成著《住宅——日常的诗学》，TOTO于2001年出版。

（14）西泽大良《现代住宅研究：尺寸·距离》，《10+1》2001年23刊。

（15）引自《素材与建筑设计》，《ka》2002年22刊。

（16）藤冈洋保《朝着更自立、更舒缓的"关系"》，《建筑文化》1999年8月刊。

（17）见《超平面元年》2000年1月2日刊。

（18）五十岚太郎著《终结的建筑/开始的建筑》，INAX于2001年出版。

藤森照信

天下无双的建筑（史学）家

现代的伊东忠太？

藤森照信所构筑的建筑是难以名状的，可能多人都不知该如何评价他的建筑。但这也正是藤森本人的意图所在。作为历史学家，或作为现代建筑的评论家而大展宏图的藤森，在刚开启建筑家的生涯时，便对学习已有的类似事物，并笨拙地模仿，引人发笑这种做法嗤之以鼻，他选择了创造独一无二的建筑。因此，我们无法对照着现代主义或后现代主义的基准来评价他的建筑。他的建筑就是藤森式的建筑，进一步说，他十分注重没有人参照过的过去的建筑。比如，非正统的寺院与茶室，在屋顶上种植植物的称为"芝栋"的东北民居。那是连日本人都忘记了的过去的建筑。藤森的自宅蒲公英之家（1995）以及藤森的盟友、现代美术家兼作家赤濑川原平的住宅韭菜之家（1997）等，可谓是配备了供水系统的现代芝栋。

通常，建筑史学家即使自己设计，也不会将作品公开。因为他们的工作本身就是评论他人，而今位置反转，将自己的作品公之于众，难免会招致他人的尖锐质疑。但藤森不同，据说他的处女作神长官守矢史料馆（1991）在报纸上被介绍时，他还将其复印分发给了研究室的学生。这可能是因为他太高兴了，或者说，这应该源于他本身对制作的喜爱。藤森在《日本近

韭菜之家 [作者摄影]

神长官守矢史料馆 [作者摄影]

代建筑》（1993）一书的后记部分表示，在孩童时代，比起写文章，他更喜欢实际制作东西，并期望以后可以扩展到这一领域。如其所愿，他在其后又多了一个身份——建筑家 [1]。他是一个言出必行的人。实际上，喜欢制作是他在建筑道路上前进的动力。这种对制作的兴趣，与不接近原评价以及意识形态分析，结合具体的事物的滕森流的建筑史是共通的。

藤森应该是少有的人物。与其相反的也有精通历史学、强烈触发人们感性的建筑家，比如研究茶室的堀口舍己、引进欧洲建筑的矶崎新。然而第一身份是建筑史学家，其次才是建筑家的人却极为少有。当然，在过去只存在一个这样的人，他就是开创了日本建筑史的伊东忠太。伊东忠太的震灾纪念堂（现东京都慰灵堂）及朝鲜神宫参照了神社和寺院的建筑样式，一桥大学参照了罗马样式，筑地本愿寺参照了佛教发祥地印度的建筑样式，这些可谓是建筑史的中心流派。而藤森则以在建筑史上未曾关注过的民居为构思源头。因此，具有独一无二的强度。

藤森的战略可谓是巧妙绝伦。他表示，"前卫艺术也同样无趣"，而且"通常意义上的美的事物"是不行的[2]。如果建造现代主义的建筑，则需要探寻精细的比例之美与洗练的程度。虽说如此，哥特式与文艺复兴式的建筑样式已经不适应时代了。而如果建造后现代主义建筑，人们今后对此的态度还是未知。于是，藤森不追随已有的文脉体系，创造出了建筑的新竞技场。这可能与藤森及赤濑川等人尝试的"路上观察学"中放大的艺术否定相关联。所谓"路上观察学"就是从街边风景收集有趣的题材，并乐在其中的活动。比如，仅拍摄马葫芦盖，或者发现只能升降却通不到任何地方的"纯粹阶梯"等。

藤森与忠太的相似之处是，现场作业的身体与全球化的感觉共存。忠太所构想的进化论式的样式分类与藤森在《日本近代建筑》中绘制的英国派、法国派等的图表相似。从希腊的帕特农神庙到日本的法隆寺，忠太考虑传播使柱子膨胀的微凸线设计，开始尝试探寻其路径的研究旅行。另一方面，藤森遍览了日本的近代建筑后，从20世纪90年代起，开始与亚洲各国的学者共同研究，针对建筑绕着地球向西与向东的传播情况进行了阐释 (1)。西洋馆的阳台从欧洲的殖民地向东传播，壁板经由美国向西传播，而日本就是这两条传播路径的终点。由此可见，在将日本作为地球文化终点这一构图上，藤森与忠太是共通的。

关于藤森照信的历史观

在不景气的20世纪70年代，安闲的藤森组建了建筑侦探团，匍匐在路上，游历近代建筑。藤森生于1946年，与伊东丰雄是同乡，两人都在诹访度过了青年时代，当日本醉心于奥林匹克运动会和世界博览会时，正值藤森进入东北大学。他就读于建筑系，与"Off Course"乐团成员小田和正是同届。其后，1971年他进入东京大学研究所继续学习，那时60年代的建设热潮已经结束。然而，不久他开始"以搜索街边静默放置的奇妙事物为乐" (3)。这也推进了时代的发展。20世纪80年代，以东京为舞台的都市论成为热潮，后现代主义的浪潮也对装饰性的设计进行了重新评估。他之所以得到一般性的拥护，毋庸置疑，这是源于以文笔为生的他妙笔生花，与此同时，从装饰层面展开语义论，以及编入人物传记等方面也是重要的原因。比如，他在帝国农会（1930）的柱顶，发现了"农民在象征力量的大鹫的守护下进行播种"的图像，并将其解释为富饶之意[4]。清晰易懂地传播建筑的构成论其实很难，然而藤森的解释，即使是没有相关专业知识的外行人，也会比较容易理解。

当然，藤森并非一味地追赶奇妙的事物。在他的博士论文中，他调查了明治时期的都市计划，并出版了《明治的东京计划》（1982），可见他也进行着极为正统的活动[5]。明治时期的银座砖瓦街计划以及官厅集中计划等，是国家参照海外，从正面分析首都需要何种面貌的国家计划。藤森本人也表示，"仿佛是从建筑侦探一下子变为警视总监的感觉""从高空眺望历史"[6]。他还与丹下健三合著了《丹下健三》（2003）[7]。这是对创造了东京奥林匹克运动会及大阪世界博览会等象征着战后日本面貌的建筑的建筑家进行研究的书籍。换言之，藤森兼有徘徊在路上的犬的眼睛和飞在天上的鸟的眼睛。

这些趣味的方向性似乎是分裂的。但是，无论是哪种趣味，都未被无聊的规定与先例束缚，是个人可同时共享的罗曼蒂克式趣味。藤森之所以选择研究明治时期，是因为那是一个个人可以提倡宏大工程项目的时代，到了大正时期，都市计划就转向了控制型。丹下健三也曾作为天才型的建筑家活跃在建筑舞台上，提出了许多未能实现的方案。建筑史学家土居义岳，针对藤森指出，"他是反历史的历史学家，但其历史叙述的魅力终究不在于理念，而在于寻求个人创造的根源。"[8] 实际上，藤森表示自己并不喜欢秩序及体系，认为它们索然无味。也就是说，他倾向的是从社会性制度与经济原理所支配的世界向上下溢出的事物。那是明治的东京计划，是在路上的近代建筑。

可能稍有唐突，让我们参照小说家米兰·昆德拉来进一步理解藤森。可以说米兰·昆德拉与藤森所持的历史观是截然相反的。米兰·昆德拉于1929年出生于捷克斯洛伐克，后从社会主义的世界流亡法国，而藤森于1946年出生于长野县，享受到了东京的战后复兴。昆德拉表示，所谓近代建筑，无非是警察与法院、金融与军队等各种社会制度[9]。他将建筑形式作为设施或制度来讨论，将系统置于比起物与人更优先的地位。这种观点恐怕很难得到藤森的认同。在昆德拉的小说中，个人在浩瀚的历史旋涡中颠簸。即使是爱情故事，也无法抹去其政治色彩。然而，藤森身处资本主义的世界，延续了非政治性的行为。在冷战的历史背景笼罩下，日本开始进行实地调查工作。藤森设计的现代建筑也由于过于特别，而拒绝以一般化的社会评价来解释。

藤森与昆德拉对怀旧的感觉也各不相同。藤森表示，动物是没有怀旧的感情的，唯有人才具有这种内心的波动，"建筑是承载怀旧的最大容器"[10]。怀旧就是与自我世界的安定相连接，而形成的具有人情味的纽带。这也正是建筑与历史的意义所在。可以说是全面的肯定。而昆德拉也在其著作《玩笑》的序言中写道，"在被忘却不断侵蚀的人生中，将我们牢牢联结的纽带就是怀旧。大发慈悲的怀旧与冷酷无情的怀疑，作为天平的两端，维持着这部小说的平衡。"[11] 但是，令人惊讶的是，他的亲戚是在纳粹集中营中去世的，而他却在纳粹党魁首希特勒的书中，想起了一去不复返的少年时代，并伴有怀念之情。这可谓是作为和解的怀旧。"那些转瞬即逝的事物,我们能去谴责吗?橘黄色的落日余晖给一切都带上一丝怀旧的温情，哪怕是断头台。"[13] 可见，残酷的负面记忆已然将怀念之情变为了更为复杂的东西。

新绳文派与（新）弥生派

藤森率领由爱好者自发组成的称为"绳文建筑团"的工程建设兴趣团，设计建造奇形怪状的建筑。"绳文"一词也是日本先史时代的名称，源自充满生命力的土器上的装饰图样。20世纪90年代以后，现代主义体系的玻璃建筑达到高潮，在这种背景下，藤森的那种坚硬的另类表达变得格外醒目。他表示，"所谓'绳文式'的第一要义就是柱子的存在感。"[13] 这与玻璃这一透明墙壁的结构截然不同。比如，在他的神长官守矢史料馆中，穿过

高过庵 [作者摄影]

屋檐生长的四根原木营造出了夸张的氛围。明明是未曾见过的造型，却又总觉得似曾相识。有人曾指出这座建筑使人联想到妖怪漫画《咯咯咯的鬼太郎》中眼球老爹的家，而藤森其后的作品高过庵（2004）是一座树上房屋，可谓与该漫画中眼球老爹的家更为相似 (14)。

在此，我们可以通过藤森的著作《人类与建筑的历史》（2005），来探究产生这种奇特设计的思想背景。《人类与建筑的历史》是一本不平衡的建筑史，全书大部分内容是记述先史时代的巨石阵和对柱子的信仰，而关于从古代到现代时期的记述却很少。他对西洋的古典主义，或对"建筑"概念确立以前的粗野立起的巨石抱有兴趣。而且，他的自宅蒲公英之家也与神长官守矢史料馆和高过庵一样，看起来不像人的住居。这种奇特性的建筑设计，可能与对西洋馆抱有兴趣这一建筑侦探团的动机相连接 (15)。附带说一下，忠太也因喜欢妖怪形象而为人所知。

20世纪50年代，在建筑界掀起了一场颇有趣味的传统争论。与其说简洁的桂离宫与伊势神宫被视为是统治阶级下的弥生式造型，不如说它们是继承了平民的粗野强劲的绳文造型。白井晟一所写的《绳文式的东西》问世，针对布鲁诺·陶德关于桂离宫的发现，批判了与其相关的现代主义的传统解释。当然，这一背景下还有冈本太郎与粗野主义的兴盛。是绳文还是弥生？在当时的建筑杂志上掀起了一阵激烈的争论。那之后的半个世纪，将传统的日本建筑进行现代化的重新诠释的两个源流，以不同的形式不断反复。众所周知，藤森就是新绳文派的代表，而隈研吾可以称为新弥生派的代表。

隈研吾在20世纪80年代作为后现代主义的建筑家崭露头角。但在90年代后半期以后，他开始通过极简的设计来表达日本的空间。当时，他喜欢将木与竹用在自己的设计中。比如，北京的竹屋（Great Bamboo Wall，

蒲公英之家 [作者摄影]

2002）以及滨名湖花博的主门（2004）都是将竹子作为主要素材。与此相反，尽管藤森也喜欢自然的素材，但却由于"亮滑"，也就是过于鲜明而例外地不想使用竹子。他直言，"实在无法喜欢上那些立足于竹子与针叶树的'弥生式的东西'。"(10) 简而言之，竹子具有纤细的比例，象征高雅与洗练。可以说它与藤森所喜欢的屋顶生长着荠菜的芝栋、蒲公英之家或韭菜之家等拥有着不同的美学意识。

限研吾的那珂川町马头广重美术馆（2000）有着山形屋顶的素朴造型，大量使用了当地的杉木与和纸。纤细的杉木以120毫米的间距排列，轻盈的杉木百叶窗覆盖着建筑整体。据说，这种设计是受到了画家安藤广重以纤细线条绘画的浮世绘的启发。而且，杉木百叶窗在外部与内部形成双层，并在两层之间插入金属层或玻璃层，由此形成了三层叠合的形态。这也是参照了将内在的轻薄空间多层叠加的安藤广重的绘画。优美的纤细设计可被视为弥生式的造型。同时，杉木素材连续的主立面就像是一个条形码。实际上，也可以说，该建筑并未采用传统的木造技术，而是进行了数字化处理的木制建筑。

藤森自己的作品风格受前卫派影响，被称为"野蛮前卫建筑"。他的建筑独一无二，具有粗犷的魅力感。然而，这些建筑虽然触及过去，却没有怀旧式的反复，它们是绝对崭新的，毫不掩饰的，具有野生的特性。如果有怀旧之感，那是因为原始表现使人联想到可能有的过去的存在。另一方面，隈研吾的弥生式的东西是具有透明感的，与利用电脑的操作可能性相联。也就是说在现代，绳文相对弥生的构图被赋予了新的含义，即"野生相对电脑"。

前所未有的场所与时代

藤森的建筑取材于自然，被认为是治愈系或生态学的建筑，然而，他的建筑并非是如此简单的。如同诹访的粗野的祭祀活动御柱祭，人们会在抬拉巨柱后，乘巨柱从急坡下滑，这是使古代的强劲形象在当代复苏的一种尝试。但他绝非否定现代科技，他不拘泥于传统的木制构造，还将铁与混凝土充分应用到建筑设计中。建筑家赵海光表示，在名为"高山建筑学校"的暑期学校，当参加者对钓鱼感兴趣时，藤森就马上建起了一个小水坝来拦截水，使大家捕到鱼。可见，藤森不是朴素的自然派，而是出色的现代派。

当然，藤森对以现代技术打造亮滑均质的表面这一建筑手法持批判态度，而执着于粗犷的带有野蛮性的设计。比如，用火烧制木材，用凿岩机削割坚硬素材，由此打造出粗犷的表面，类似于西洋建筑中凹凸不平的墙壁与庭园中的洞窟。总之，藤森以近代的构造技术为基础，运用自然素材构筑表层，由此打造具有独特手感的建筑。从将与视觉相对的触觉置于优势地位这点来看，可能会让人想起建筑评论家肯尼思·弗兰普顿所提倡的批判性地域主义。但是，如果说肯尼思·弗兰普顿的战略是以现代主义为基础，同时孕育出地域性，那么藤森的建筑便是发挥着极强的定居性的表达，并唤起前所未有的地域性。也就是说，藤森的建筑给人以怀旧之感，但又并未指示出具体的地域。因此，他本人将其称为"国际化的本土"。

藤森还曾提出过蒲公英超高层计划，可见他并非是一味地沉浸于怀旧过去的建筑家。在对丹下健三的东京计划1960持批判性继承的东京计划2101项目中，他描绘了因温室效应而被淹没的东京景象，在那里有林立的木造高层大厦和折断了的东京铁塔。

不愧是建筑史学家，藤森本人准确地说明了他的立场。他表示，有的建筑家提出现在的场所枯燥乏味，应重新返回到曾经的传统的场所上，然而他自己却认真地逆行在现代的场所中，成了异类。可以说，这种融合了现代的构造技术与过去的饰面材料的建筑，使人联想到了未来的形象。即使是亮滑的现代建筑，一旦被遗弃，年深日久，恐怕也会被尘土与植物笼盖。这令人想起宫崎骏的科幻动漫电影《风之谷》和《天空之城》中的世界观。它们皆是在未来社会的废墟中，以绿色笼盖科技。藤森的建筑逆行在现代的场所中，并使时间飞快转动。换言之，他的建筑是花费过去、现在与未来时间的建筑。

建筑侦探去往威尼斯

2006年秋天，在威尼斯第十届国际建筑展双年展的日本馆中，藤森担任了策展人。该展会是定期举办的规模最大的国际建筑展，从装置艺术到珍贵资料的介绍，在举办的各色各样的展示中，日本馆可谓是大放异彩。通常，策划人只是负责策划工作，并不展示自己的作品。然而，令人惊讶的是，藤森从自己的毕业设计到实际作品高过庵，将作为建筑家的个性化作品以模型或照片的形式加以介绍，并发表了关于路上观察学的成果。

当时藤森照信在日本已经众所周知，但在海外仍然少有人知。那么，

秋野不矩美术馆 [作者摄影]

他的展示是如何为人所接纳的呢？在此值得一提的是，在日本馆看到的那些参观者的笑容。这些参观者之所以情不自禁地笑，是因为见到了藤森在路上观察学中所采集到奇异题材的照片。除此，藤森还有成功的会场设计。脱掉鞋子，像茶室特有的小门那样，从低矮的入口弯腰屈身进入铺着藤席的屋子，由此营造出了怡然自得的空间氛围。藤森此前设计的滨松市秋野不矩美术馆（1997）也采用了这种手法。对于在家也穿着鞋子的欧洲人来说，这种设计效果可能会更立竿见影，因为他们可以在公共场所体验到如在卧房般的亲密空间。当时的展览会以都市问题为整体主题，因此，多是如美国馆那样，介绍飓风灾害的复兴计划等的严肃主题。而藤森的日本馆却给人以强烈的舒缓亲切之感。

在第十届双年展之前的日本馆，也曾提供过"少女都市"（2000）、介绍秋叶原的"御宅"（OTAKU，2004）、将阪神大地震的瓦砾带入会场的"龟裂"（1996）等震惊海外的展示。然而，藤森的世界却让人感叹竟然还有这样的一个日本。这是因为日本这个高科技国家，将链锯削割的圆木模型、在竹片构架上缠绕粗草绳子的迷你剧场装置等野生性，毫不掩饰地呈现在人们眼前。人们不知该如何评价藤森的这些建筑，甚至有参观者将其形容为"奇异"。然而这也正是藤森的目的所在。

即使对日本人而言，他的建筑也应该是令人震惊的吧。笔者初次见到藤森设计的神长官守矢史料馆时就震惊不已。高桥靓一以下的阐述可谓是充分展现了藤森的地位。"藤森的作品可以放心观赏。因为他和我不是竞争对手。即使我竭尽全力也做不出一样的东西，而且他也没有侵占我的领域。所以我们总是可以和平相处。大家应该也都像我这么想吧。"从未见过，但却可能存在于世界某处的不可思议的民居使世界心驰神往。2010年，英国的V&A（维多利亚和阿尔伯特博物馆）的建筑展也邀请了藤森参加，他制作了1：1的小型建筑。

藤森作为近代建筑的研究者从事着重要的工作，他以撰写《日本近代建筑》通史为契机，从20世纪90年代开始了作为建筑家的生涯。此次，他从建筑的观察者变为主角，成了建筑的设计者，进入了历史舞台的中央。

译者注

(1) 藤森照信著《日本近代建筑》，岩波书店于1993年出版。

(2) 藤森照信著《昭和住宅物语》，新建筑社于1990年出版。

(3) 藤森照信与荒俣宏著《东京路上博物志》，鹿岛出版会于1987年出版。

(4) 藤森照信著《全本·建筑侦探日记》，王国社于1999年出版。

(5) 藤森照信著《明治的东京计划》，岩波书店于1982年出版。

(6) 藤森照信著《建筑侦探的冒险 东京篇》，筑摩书房于1986年出版。

(7) 藤森照信与丹下健三著《丹下健三》，新建筑社于2002年出版。

(8) 土居义岳《语言与建筑》，建筑技术于1997年刊载。

(9) 米兰·昆德拉著，金井裕与浅野敏夫译《小说的艺术》，法政大学出版局于1990年出版。

(10) 藤森照信著《天下无双的建筑学入门》，筑摩新书于2001年出版。

(11) 米兰·昆德拉著，关根日出男与中村猛译《玩笑》，MISUZU书房于2002年出版。

(12) 米兰·昆德拉著，千野荣一译《不能承受的生命之轻》，集英社于1993年出版。

(13) 藤森照信著《建筑侦探之谜》，王国社于1997年出版。

(14) 五十岚太郎著《终结的建筑/开始的建筑》，INAX于2001年出版。

(15) 《建筑侦探术入门》，文春文库于1986年出版。

饭岛直树

分界线上的室内设计

建筑与室内设计之间

建筑设计与室内设计看似相似，其实有许多不同点。笔者专攻建筑学，很难对室内设计进行评价。针对建筑设计，建筑家通过媒体讲述作品的思想与哲学，使作品常具有很强的形式性。所以，即使无法通过杂志上登载的照片细致地了解到建筑作品的现场氛围，也可以从方案或概念中读取许多信息，使一定程度上的言论化成为可能。然而，室内设计却不同。翻开《商店建筑》等杂志，会发现设计图并不大，而且即使登载了吸引人的室内照片，又因设计十分重视现场的空间氛围，导致其很难通过媒体再现。这些情况也给评论室内设计带来了困难。再加上室内设计需要考虑客人是否喜欢，这使得它比建筑更加严格。

家具研究者小泉和子指出，在日本的住居文化中，家具被建筑化，也就是说，不存在西洋化意义上的家具，他还谈论了日本为什么没有从室内设计及家具的视点进行历史研究的人才，以及培育这类接班人的困难之处。明明是建筑的邻接领域，就连20世纪以后的作品，关于室内设计的研究者以及对室内设计的历史分析也是寥寥无几。自1998年起，以名古屋为开端，在举行了70多次室内设计研讨会——MESH环境设计研讨会上，笔者终于在2011年得到机会可以探讨建筑与室内设计的关系。实际上，在准备演讲的过程中，笔者意识到介绍室内设计的现代史的基本文献或信息可谓是凤毛麟角。这对于业内人士而言可能是理所当然的，但对局外人来说，由于没有形成可访问的文字信息，给人以高不可攀的感觉。正式开始横跨建筑设计与室内设计的议论，应该就是从那时开始的吧。

在泡沫经济崩溃后的建筑界，自20世纪90年代起，翻修作为代替废旧建新的方法论而受到关注。也就是说，不是每个"器具"的新建，而是在预先被给予的"盒子"内部插入室内设计。其后迎来21世纪，工作很少的年轻建筑家开始积极地将优秀的室内设计作为作品进行发表，这在室内设计的业界也是不容忽视的动向。除了在《商店建筑》杂志中将饭岛直树与室内设计的评价一起执笔的青木淳，还出现了一批像其事务所出身的乾久美子、中村竜治等朝气蓬勃的建筑家，他们跨行业进入了室内设计的领域。在由笔者担任主编的《建筑杂志》中，2009年的《谈论室内设计》特辑就是基于以上背景编写的，然而令人惊讶的是，这个具有120多年历史的学会杂志还是首次将室内设计作为特辑[1]。可见其断裂之深。就我个人而言，在撰写关于将卫生间悬吊的枝形吊灯的森田恭通风格定位为"扬基巴洛克"的研究考察中，已经开始担忧有关室内设计的言论过少这一问题[2]。

20世纪90年代后半期，初露头角的森田恭通将门外汉也可理解的符号化的华丽感进行镶嵌，这种设计风格不同于仓俣史朗，因此无法用评价仓俣史朗的标准来评价他。1967年出生的森田恭通的行为，就像是先行世代的内田繁和饭岛直树那样，在受到现代主义影响的同时，并没有否定寓于感性的一般设计的历史，不反对对建筑进行表层装饰。附带说一下，在21世纪初的建筑界，也进行了对装饰性要素的重新评估。当然，不是符号式的装饰，而是追求它带来的仅能在其现场体验到的空间现象。

仓俣史朗的里程碑

在室内设计领域，被特殊评价的非仓俣史朗莫属。在建筑领域，他也是备受尊敬的存在 [3]。可以说出人意料的有许多评论他的文章 [4]。生于1934年的他以独特的造型与鲜明的色彩等，树立了与基于功能主义的现代主义设计不同方向的鲜明旗帜。在Begin the Beguine（1985）中，他将铁线一圈圈缠绕在约瑟夫·霍夫曼的曲木椅子上，然后进行烧制，最后取其烧制后的铁线模型。这一设计已经闯进了激进的艺术领域，美已不足以形容。而且，他使用的装饰性要素皆具绝对性的美感。比如20世纪80年代末，植物这一主题可谓是他作品中的常客。Just In Time（1986）将小树枝作为时钟的指针，Panacee（1989）是以水果形状的糖果为图样的毯子。Bar Oblomov（1989）与商店Spiral（1990）中的室内设计，以及Laputa的床

仓俣史朗／布兰奇小姐椅子的细部 [作者摄影]

（1991），都充分运用了人造花。附叶的花瓶（1999）最初就带有玻璃工艺品的花朵。这些植物的使用手法表达了虚幻的形象。

其中，仓俣最著名的作品当数布兰奇小姐椅子（1988）。这是一把由丙烯树脂制成的透明椅子，内部浮游着多朵玫瑰造型的假花，美到令人窒息。该作品的名字来源于田纳西·威廉斯的原著电影《欲望号街车》中女主角的名字。仓俣表示，自己是因为女主角穿着玫瑰图案的衣服，所以使用玫瑰这一主题。在研制过程中，为使椅子内的玫瑰花呈现悬浮状态，他收集了几乎在日本可收集到的所有人造花，用来进行反复试验。在工厂制作时，让丙烯树脂渐渐注入，员工用小镊子放入人造花，据说当时仓俣每隔30分钟就给员工打个电话，叮嘱他们注意事项。

布兰奇小姐椅子的切面，也就是横截面的观赏效果十分有趣。如果向内看，由于光的折射，本来是一朵的玫瑰会变为双重化的影像，再加上镜面效果，玫瑰花瓣会变得更多。所以，看起来像是有许多比实际数量还要多的玫瑰花瓣在浮游着。自古以来，植物就被用于装饰，无论是古典主义还是哥特式的样式，都是三次元的雕刻或是二次元的平面。然而，仓俣的玫瑰成了实物与意向两方面的载体。当然，仓俣的玫瑰并非是真正的玫瑰，而是人造的玫瑰。这种真实与虚幻的暧昧关系是极具现代性的。

在东京中城的21_21 DESIGN SIGHT美术馆，举办过一场"仓俣史朗与埃托·索特萨斯"展（2011）。埃托·索特萨斯是意大利的著名设计大师，他创立的"孟菲斯"设计团队凭借后现代主义的设计而给世界带来冲击，仓俣史朗就是其设计团队的成员之一。在本次展览中，以仓俣加入该团队的1981年为起点，介绍了这之后的作品，其设计者都是生前交往深厚的日本与意大利的设计师。然而，从展示的作品比重来看，可谓是一场仓俣史朗再发现的回顾展。再加上负责会场构成的是其弟子近藤康夫与五十岚久枝，他们对师匠的特点非常了解，使这些作品的魅力发挥得淋漓尽致。1991年，五十六岁的仓俣去世，时隔20年后再次看到他的作品时，如果将它们与其后的建筑与设计的动向进行对照，便会明白他多么领先于时代。

仓俣的充满透明感、无重量感的设计，如Edwards总公司大楼（1969）等早在20世纪60年代末或70年代就已登场，其超前性令人惊讶，完全没有陈旧过时之感。显然，他的作品引领了80年代以后的建筑界动向。而且，他使用金属网构成的轻型的家具与室内空间也同其后的80年代建筑具有很强的同时代性。此外，从具有尖端收窄的网状筒形腿的桌子——Twilight Time（1985）中，还可以预见到伊东丰雄设计的仙台媒体中心（竞赛1995，完成2000）中的管筒。再进一步说，仓俣所追求的轻盈的意象设计，直接影响了SANAA建筑事务所的妹岛和世，甚至隔代遗传给了包括石上纯也、中村竜治在内的21世纪初的建筑家们。当然，仓俣用感觉与直观开创的设计，需要加入建筑家在构造层面使其成立的工学程序。

1997年，在原美术馆举办的仓俣史朗展的最后一天，我来到了这里，看到一排长长的队伍，于是放弃了参观。但是，正是因为自那以后经过了许多年月，或许才可以确定仓俣对之后的建筑界产生了多大的影响。这也可能正是迟来鉴赏的奥妙所在。如果是在他刚去世后，恐怕我们还很难得知有关于他的历史性评价，毕竟其后的设计趋势将如何转动还不明确。而只有当时代追赶上他之后，其作品的意义才会从其展示中显露出来。

饭岛直树的建筑性思考

1949年出生的饭岛直树，是受到了20世纪60年代的反主流文化洗礼的一代 (5)，而且拒绝了以感觉构筑室内设计的创作方法。从70年代到80年代的超级土豆（SUPER POTATO）设计公司也追求形式主义，旨在摆脱单纯

SONIA RYKIEL名古屋 [摄影：白鸟美雄]

地作为装饰的室内设计。这是具有强烈的自我意识的室内设计。比如，超级土豆设计公司对网格的应用，可以说是一个建筑化的规则。20世纪60年代活跃在业界的意大利的建筑集团超级工作室（Superstudio）也在从家具及室内装饰到巨大建筑物等各种规模中，提出了反复使用均质的网格的单体设计手法。而汉斯·霍莱因的初期代表作品，则是插入在维也纳都市里的小型店铺的室内设计。那是建筑与设计的分界瓦解的时代。

20世纪80年代后半期，饭岛独立创建了自己的工作室。他此后的作品如同具有强烈形式题材的装置艺术。比如，被漂白的空白空间中集聚的线呈现出锐角冲突的SONIA　RYKIEL名古屋（1986），组合了几何学形态的THE WALL餐厅（1990），这些作品与当时的后现代主义和解构主义的动向共鸣，并主张营造出套匣状，也就是"建筑中的建筑"般的存在感。

一般而言，室内设计使用感觉性的语言，而建筑家使用理论性的语言。但是，饭岛的思考却具有建筑性。以歌舞伎町的CLUB Dios（1998）中应用的"辩证法的设计"为例，饭岛是这样说明的[6]。这是一家男女关系逆转的夜店，所以店内大部分呈黑色调，从而消除深色系衬衫的男性形象。而且，将座席打造成青色，以突出他们的某种艳丽感。将背景设定为玻璃的布景光，以突出女性的主角地位。此外，以平缓的曲线刻画座席，从而即使没有隔开的包厢，也可为客人提供一个私密的空间。这些思考过程，可称得上是建筑性的。

自20世纪90年代起，比起物体，场所的关系性的操作设计更为醒目。就像伊克斯皮儿莉的和食店"和酔"（2000），饭岛以主题公园的虚构性为线索，在流水的玻璃屏风与墙壁的镜子之间放置了火苗摇曳的蜡烛，营造出了一种朦胧的视觉感[7]。另外，他设计的理发室"AFLOAT"（2000）中布景面的玻璃屏风中也有流水[8]。

关于建筑与室内设计的关系，在《追求"空气般的骨骼"》一文中，他这样阐述[9]，"我绝不想把指尖的感觉当作洗练。我认为设计的根据不在于感性，而在于'关系'，我喜欢新即物主义（Neue Sachlichkeit）这个在20世纪初叶流行的德语词。我对以表面和装饰构成的那种看似充足的室内

意大利餐厅（BACCARI DINATURA）[摄影：佐藤振一]

装饰嗤之以鼻，我更强求'骨骼般'的事物，而不是表面和装饰。不过，

这里的骨骼又与建筑物的骨骼不同，并非是指实际存在的骨骼。它以内部

空间的表面与效果为媒介，是作为其现场的空气被萃取的奇妙之物……空

气般的骨骼或构造。"它应该是介于建筑与室内设计之间的。

　　比如，新宿美食街上的意大利餐厅（BACCARI DI NATURA 2002）与六本

木之丘的明星珠宝工作室（STAR JEWELRY＋WORK SHOP 2003），饭岛将室

内空间作为街道，使用了部分歪斜畸形的玻璃，将视觉现象表面化，营造

出空气般的体量感。尽管内部与外部被透明的墙壁隔开，但在意识上，透

明的墙壁却是使内外连续的存在。人们透过歪曲的玻璃看到扭曲的风景，进而可以意识到这种景象是应用了玻璃墙分隔而成的。池袋的新文艺坐（2000）是通过与柏青哥游戏店的复合开发而再生的电影院，这对于本身就是电影迷的饭岛来说，应该也是他爱不释手的一个项目吧。在大厅，有嵌入墙内的贩卖机、书架、咖啡室，呈现出优美的L形空间。

电影与室内设计之间

与建筑相比，室内设计可能与电影美术的领域有更多的重合。基本上只要控制可以看见的部分，便不必考虑外侧的框架与结构问题。比如，中村公彦从舞台美术进入到电影的世界，在商业空间受到注目的1971年，创立了室内设计事务所 [10]。他作为美术指导代表作有《二十四只眼睛》（1954）及《呼风唤雨的男人》（1957），在亲自参与餐饮店的布景期间，开始负责现实中的设计工作。他将电影美术的特征阐述如下：

设想电影演员的动向的同时，以相机为中心，为确保适当的位置和视线，常常会拆除墙壁且不设天花板。而且，与室内设计不同，它并非是制作出实际的空间，而是始终以让形象在电影中定居为最大目的。另外，在电影美术中，增加岁月感的陈旧状态等也是设计所必要的。

饭岛也喜欢电影，这可以从他介绍喜欢的电影作品和书籍的《创作的源泉》一文中得知 [11]。他通过莲实重彦的著作，学会了从理论层面观看

新宿高岛屋 [摄影：上／梶原敏英，下／佐藤振一]

电影。"我们总是将电影当作故事去观看，其实，还有另一个世界，那就是作为呈现在眼前的画面的连续而享受'影像的官能性'"。也就是说，要将故事情节解体，作为纯粹的视觉体验去鉴赏。可见，莲实重彦并没有以意识形态和内容为依据进行电影评价，而是提出了与此不同的方法论。如果将这种思考方法与室内设计相连接，会变得如何呢？比如，被委托设计和风餐厅时，饭岛表示，"我不想轻易地寄身于'和风'这一故事情节中，而想试着慢慢地还原一个生动鲜活的空间。"

在新宿高岛屋百货商店的一、二层的环境设计（2007）中，饭岛在提及电影的同时，投寄了《作为运动体的记忆》一文[12]。他在改造时，如同将分割的镜头连续起来的电影时间那样，意识到了空间的连续镜头。过去，世界著名建筑评论家兼设计师的伯纳德·屈米，也在接触苏联导演谢尔盖·爱森斯坦的作品及电影理论的过程中，构思了建筑空间的连续镜头。而饭岛的"持续的时间、运动的空间＝电影"这一措辞，可能也是受到了哲学家吉尔·德勒兹或是亨利·柏格森的影响。他将陈列着各种各样的商品的百货商店看作电影，通常人们可瞬间把握的空间为10米左右，他以此为单位进行编辑，尝试借助平面长度与天花板高度翻修出一个具有持续的动态结构的百货商店。不是分别进行每处空间的设计，而是进行将它们相连的高次元室内设计。

在该百货店内，在即使商品和展品等发生变化也很少受其影响的天花板附近，进行了统一的设计。在加入了竖向百叶窗与玫瑰意匠的格窗以及柱子上部，像翼墙那样放入了引人注目的玻璃隔板，将空间分段（反复的矩形如同胶片的画面）。柱子的跨距约7.5米，这是以10米以下的长度为基准，在视野中加入了富有节奏的段落区分。同时，他还利用光壁，给予厚重的柱子以柔缓的变化。在一层以"连接"为主题的天花板画（林麻理子作品）也映射在两端有镜子的柱子上，如同连续的反复。该区域被铺着大理石的墙壁与地板包围，由于有着像条形码般的图案，所以将巨大的面解体为无数条线。二层的自动扶梯附近的迎宾区也在作为间隔的大玻璃上细致地施以竖线，使人的上下移动呈现出忽隐忽现的影像。

在青山的AO大厦（2008）中，饭岛担任了1～4层商业空间中共有部分的环境设计。随机的斑点与马赛克，或如条形码般的花纹覆盖着地面、墙壁以及天花，给人以印花布般的感觉。密实的颗粒化的面不仅是连接内部的一种设计，也将与周围文脉的关系性考虑在内。饭岛表示，"大厦的外部装饰呈立方体，棱角分明，体现出了立体澎湃的青山风景。使人联想到内部也具有同样的空间形象。立体的形态是由立方体的形态、锐角面的拼合、林立的光柱等构成。而澎湃的形态是通过视觉来强调身体上的强弱的材料（马赛克及条纹的大理石、濡湿的石头、不加修饰的木制地板、铜板、丝滑的黑色、光的色散）构成。"[13] 如果说都市计划是将多个建筑的关系性连接起来，那么青山的AO堪称是一次具有都市计划性质的室内设计。

在韩国料理店妻家房的日本桥店（2004）中，饭岛使用了打孔加工的双层板，根据场所的不同可以略微看到对面，同时，带有镜子的内墙映射出室内的风景，圆与圆的重叠营造出了月亮盈亏般的效果。由此人们可看到动态的事物如影像般变化着场景。饭岛在《商店建筑》中，对建筑内部中的室内设计的障碍进行阐述的同时，还说明了如下的其他可能性 (14)。"打造'另一个独立的空间＝双重空间'，从中慢慢引出相互的'关系'。在该料理店中，利用内含光线的打孔墙壁，让内部产生'这边'与'那边'的空间关系，而没有单间般的封闭感，而且，打造出一个分割与渗透同时出现的房间。"比起房间本身的实体性设计，通过各种关系性将房间与房间相连接才是关键所在。这可以称得上是作为建筑的室内设计吧。

分界线上出现的室内设计

在秋叶原的UDX大厦的餐厅（AKIBAICHI，2006）中，饭岛在共有部分中，将各种高压线铁塔的仰视图像印刷在玻璃上，设计了连接店铺之间的序列。反复的铁塔形象给予空间富有韵律的动态感（图像的连续也如同胶片），同时借助玻璃面与背后的镜子产生复杂的反射。规模不大，却与在高岛屋中所进行的翻修工程一样，通过设计的形式性来编辑整体空间。如果仅仅是缓慢地按顺序看胶片的画面，是无法有电影效果的。只有在一定的速度下，进行连续性的推移，在感知中重新将其统合为动画，静态影像的连续性才会作为电影显现出来。饭岛此次的室内设计可谓是对连续镜

UDX大厦内餐厅（AKIBAICHI）[摄影：Nacasa & Partners]

头的一次体验。

另一方面，建筑家伯纳德·屈米同样参照了电影，只不过比起饭岛的连接手法，他更倾向片段式的蒙太奇手法。就像胶片中的画面那样，将维持同质性的画面不断反复的同时，对内部进行大幅改变。也就是说，这是让异质性的东西产生冲突的画面。在空间的体验中就如同是拼贴的镜头。伯纳德·屈米的记忆中，加印了遭遇了1968年的巴黎五月风暴的经历。而同样是20世纪40年代出生的饭岛也是受到了60年代的氛围影响的解体的一代。他质疑已有的框架体系，但又并非是一味地破坏它，而是重新叩问什么是室内设计。他对建筑、电影以及现代美术的极简主义也极为关注，并通过测定它们与室内设计之间的距离，来重新定义室内设计的分界，进而在该分界线上创造出了新的设计。

译者注

(1) 见《建筑杂志》2009年6月刊《论室内设计特辑》。

(2) 五十岚太郎著《扬基文化论概论》，河出书房新社于2009年出版。

(3) 西泽大良渚著《仓俣史朗与埃托·索特萨斯》，2011年出版。

(4) 引自《仓俣史朗的世界》，原美术馆于1996年出版。

(5) 《饭岛直树的设计临床记录1985-2010》，平凡社于2010年出版。

(6) 见《商店建筑》1999年9月刊。

(7) 见《商店建筑》2000年11月刊。

(8) 见《商店建筑》2000年12月刊。

(9) 见《商店建筑》2005年1月刊。

(10) 中村公彦著《赌上电影美术的男人》，草思社于2001年出版。

(11) 见《商店建筑》2006年5月刊。

(12) 见《商店建筑》2007年9月刊。

(13) 见《商店建筑》2009年6月刊。

(14) 见《商店建筑》2004年8月刊。

第三章 轻盈透明的建筑的诞生

1950—1959年生

SANAA

重构空间形式的设计

建筑界的最高荣誉——普利兹克奖

2010年，由妹岛和世和西泽立卫组成的SANAA建筑（师）组合获得了普利兹克奖。普利兹克奖是1979年由普利兹克家族的凯悦基金会（Hyatt Foundation）创设的奖项。基本上每年会评选出一位建筑家，除过去设计了悉尼歌剧院的约恩·乌松外，弗兰克·盖里、雷姆·库哈斯等人也曾获得过该奖项。它不会如通货膨胀般随意地增加获奖者人数，而是只选择来自世界各地目前为止成就最高的建筑家，以表彰他们的杰出贡献，因此，它又被誉为建筑学界的诺贝尔奖。SANAA是继丹下健三（1913年生）、槙文彦（1928年生）、安藤忠雄（1941年生）之后，第四个获得此项殊荣的日本人。妹岛和世生于1956年，西泽立卫生于1966年，他们是继从现代主义牵引到后现代主义的丹下健三、槙文彦、安藤忠雄之后的一代，当时40多岁的西泽立卫在普利兹克奖的历史上应该是最年轻的建筑家吧。

获得了世界好评的SANAA是怎样的建筑家组合呢？

妹岛和世的建筑生涯是从伊东丰雄事务所开始的。当时，她由于耳目一新的生活方式，被称之为"便利店少女"。她于1987年独立创办了自己的事务所，其后凭借再春馆制药厂女子宿舍（1991）、柏青哥店（1993）、调布车站北口派出所（1995）等作品一举成名。SANAA的另一个成员西泽立卫也同样以在伊东事务所工作为契机，从1990年起开始参与设计，1995年与妹岛和世共同设立了SANAA建筑事务所。当时的日本建筑界对装饰过多的后现代主义已经趋于饱和，而SANAA充满透明感的轻盈设计可谓是一股清风，引领了90年代之后的动向。

从早期开始，海外就对他们高度关注。在介绍尖端设计的世界知名的西班牙建筑杂志《建筑素描》（El Croquis）中，于1996年收录了妹岛和世特辑，而当时的日本还没有杂志做过关于她的特辑，可以说极具超前性。其后，《建筑素描》又在2001年编辑了SANAA特辑。迎来21世纪（之初），除纽约新当代艺术博物馆（2007）及罗浮宫美术馆朗斯分馆外，SANAA还在德国、荷兰等世界各地承担了许多项目。妹岛和世还担任了威尼斯双年展国际建筑展2010的总策展人，这一壮举无论对日本人来说，还是对女性来说，都是首次。同时，西泽立卫也作为日本馆的代表，参加了本次双年展。

对于海外的工作或比赛，妹岛和世与西泽立卫基本上是共同参与的，而对于国内的工作，他们又是各自在自己的事务所进行的。也就是说，这是三种模式并行的独特的活动形态。这不免使人有所疑问，既然他们各自独立，也有足够的实力独自完成，那么他们为什么要共同行动呢？据说，这是因为他们认为人多便可能产生更多的好创意。实际上，他们首先各自构思方案，然后在由仓库改建的宽敞的事务所中，集工作人员之力制作出大量的大型模型。其后，根据这些模型展开讨论，进而锤炼出最佳方案。

空间等级的解体

SANAA的作品以素简、透明、轻柔的无重力感为特征。平面与组织皆为单纯的构成，但他们在追求建筑的形式性的同时，又将原有的等级进行精湛的解体，发明出新的形式。对于建筑的立面，并没有采用后现代主义那样的华丽构成，而对整体比例与竖框幅度等的把握细致入微。这些建筑乍一看跟普通的建筑并无两样，但又总感觉有些不同。比如，饭田市的小笠原资料馆（1999）像一条带子般的细长立面，呈现出微妙的弯曲，并不追求明朗的弯曲与明确的新意。即使是微小的差异，也会影响整体，正因如此，才产生了意想不到的结果，就像是追求未完成的可能性那样的近代建筑。仅是略微操作，近代建筑就会带有不同性质。

在普利兹克奖的评审中，被给予高度评价的是SANAA的代表作——金泽21世纪美术馆（2004）。据说在该美术馆刚开放的三天里，就有4万多名来访者慕名而来。这在这个总人口40万的地方城市，可谓是一个惊人的数

字。在即将开馆之际，SANAA凭借金泽21世纪美术馆和巴伦西亚近代美术馆扩建项目，在威尼斯双年展国际建筑展2004中赢得了金狮奖。这两个项目皆因SANAA对公共空间的积极提案而受到好评。顺便一提，巴伦西亚近代美术馆扩建项目是将已有的建筑整体包裹上轻薄的金属板，打造大型的半露天空间的提案。

金泽21世纪美术馆具有大圆盘般的轮廓，在其内部镶嵌了各种尺寸的"盒子"（展示室）。在该建筑中，不存在空间的等级性，避免了有正门的"表"与有办公室和出入口的"里"，而是采用了在圆盘的各处皆可出入的开放式设计。一般的美术馆沿着指示路线会有连续的细长展示室，但在该美术馆中，细长的展示室、正方形的中庭、大通道等设施等价地混在一起，使参观者可自由巡游其中。而且，由于从多个中庭引入户外的光线，从透明的主立面可以看到外面的风景，所以即使走入美术馆深处，也不会有身处深处之感。此外，圆这一完结的形态很容易沦为封闭的纪念性建筑，然而该美术馆消除了纪念碑式的特征，而将其重新定义为"如便利店般任何人皆可便利访问的空间"。SANAA通过赋予这些常见的形态以全新的意义，从而营造出了安全感与现代感。

21世纪初，SANAA创造出了建筑史上前所未有的新曲线。那是未被圆或椭圆等几何学或结构力学所规定的形态。瑞士的劳力士学习中心（2010）以及英国的蛇形画廊展馆（2009）的轮廓呈现出了全新的自由曲线，其形态如同地形或生物。解构主义建筑大师弗兰克·盖里的曲线具有不规则的奇特造型，而SANAA的曲线则给人带来新鲜的空间体验。妹岛和世在大学的毕业论文中，以勒·柯布西耶所运用的曲线为主题，考察了各种曲线的意义。而今SANAA的曲线从产品到大型建筑，比如看台、花房、西班牙埃尔切椰子园的观景台和步道、德国Vitra家具公司的工厂等，提示了史无前例的空间可能性。

妹岛和世

扭曲了距离的玻璃风景

非神殿建筑

鬼石町（现藤冈市）是地方的一条小街，保留了许多旧房屋，周边完全没有现代建筑。因此，我们可能会认为妹岛和世的鬼石町多功能设施（2005）可能会作为异质的东西出现在这里。但是，令人意外的是，未走近这座建筑便不会注意到它的存在。该建筑注重利用透明的玻璃来减轻威压感，并有意抑制了建筑的整体高度，以更好地配合周边的低矮建筑。这不同于以往的建筑模式。通常日本的公共设施多会作为街道的标志而对高度有所要求。实际上，笔者在担任某个地方城市的美术馆竞赛的评审时，当地的有关人士都将高度放在比设计本身更重要的位置上，以此为基准进行投票。附带说一下，鬼石町多功能设施的背后有鬼石小学，从很远处看也很显眼。

鬼石町多功能设施通过将体育馆、文化大厅等大体量建筑往深处挖掘，并铺平屋顶等来降低整体的高度。由此，要求功能性的矩形空间呈现半地下状态，地上层面就变为了功能制约很少的空间，外形轮廓也变得更为自由。而且，地上层面遮挡视线的要素消失，建筑外围的玻璃最大限度地发挥了作用。因此，借助当地所产的杉木和铁的混合构造而实现的大跨

距的空间，也可从外部观赏到，所有空间皆可远望。此外，行政办公楼、体育馆和文化大厅分布在不同的大楼，但因其透明性，即使不增加工作人员也可管理。这种思考方法在瓦尔特·格罗皮乌斯所设计的魏玛包豪斯大学校舍中也有应用。而且，严格意义上的玻璃神殿，现代建筑的先驱密斯·凡·德罗设计的柏林新国家美术馆也具有异曲同工之处。不过，鬼石町多功能设施与偏好矩形的现代主义不同，可谓是一幅更为柔缓的玻璃风景画。

21世纪的玻璃空间

妹岛虽然回归到了受现代主义喜欢的玻璃空间，但她并没有一味地

迪奥表参道旗舰店（SANAA）[作者摄影]

追求透明。更确切地说，她更在乎的是以透明性的操作来呈现出多样的景象。也就是说，微妙地调整半透明的程度，添加几何学的形态，以获得光效应的艺术效果。比如，在横滨市六之川地方关怀之家（2000）中，通过将不同的形态印制在玻璃主立面的内外，而营造出云纹图样。在SANAA的表参道迪奥旗舰店（2003）中，在玻璃内侧设置褶皱状的丙烯酸屏幕，通过透明度的层次感，产生出摇曳的错觉。此外，鬼石町多功能设施由于具有不定型的轮廓，透过视线可以看到内部与外部多次产生的复杂重合，同时还会映入被歪曲的绿意盎然的周边景色。总之，在鬼石町多功能设施中，随处可以看到像艺术家丹·格雷厄姆制作的玻璃馆那样的视觉效果。而且，各栋楼之间有着玻璃通道般的空间，由于低矮，即使在屋外也可以感觉以天空为屋顶的室内般的氛围。这可以说是介于外部与内部之间的场所。

SANAA于2006年完成的托莱多艺术博物馆玻璃展馆如同公园中一个透明的玻璃大帐篷，不仅是外墙，室内的墙壁也多由玻璃构成。也就是说，即使是某个展示室，也并不是闭锁的，透过透明的玻璃可以看到另一侧的其他房间，并感知到室外的绿色风景。馆内每个房间都具有各自的独立性，但又在视觉上平缓地绵延连续。自20世纪90年代以后，作为日本新建筑的模型，便利店成了人们热w议的话题，然而，鬼石町多功能设施将建筑对面的风景也融入其中，堪称是比便利店更具开放性的玻璃围合建筑。

作为风景的建筑

通常，日本的住宅与公共设施会将四周围在围墙内。为防止罪犯，过于追求安全性，从而将空间封闭化。但是，妹岛就像是这些理念的对抗者，出自她之手的鬼石町多功能设施没有围墙或围栏。与金泽21世纪美术馆一样，从基地外可以清楚地看到设施内部，而从设施内部又可以对周边的情况一目了然。这不仅是因为以玻璃围合建筑整体，还源于在基地分界线上不存在视觉性和物理性的障碍物。由此，内部与外部相互渗透的开放性空间重新诠释了公共性的意义。此外，鬼石町多功能设施也成了在附近小学上学的孩子们往返学校时必然穿行的场地。笔者在访问该设施时，三栋楼的所有门是开放着的，令人想从多个不同的出入口进出游玩一番。

建筑与平缓倾斜的风景相互配合、浑然一体的姿态也给人们带来视觉享受。SANAA的金泽21世纪美术馆也进行了巧妙的地形处理。该建筑的基地面向兼六园呈上升姿态，为避免美术馆看上去过于高耸，在最低侧筑造了略微高起的小山，由此给人一种美术馆整体在下沉的感觉。在多媒体工作室（1996）中，缓缓隆起的风景与深深沉降的设施的凹陷屋顶相得益彰，创造出了可从屋顶通往内部的空间形式。

现今的鬼石町多功能设施是受到了曾经以"鬼石室内广场"（临时名称）为题目的设计竞赛的触发，而进行的设计。妹岛从"室内广场"一词的意象出发，提出了室内与室外相互融合的设计方案。虽然比赛时提出的方案与实际完成的建筑在形式上略有改变，但"具有自由形态的各栋设施如群岛般连接"这一原则是相同的。该方案就像是烤制后变得绵软的年糕。的确，散步其中会忽然有那么一瞬间不知自己是在内部还是在外部。在该设施中还举办过民谣、太极拳、书法展、音乐会、老年学习班等多种周年纪念性活动。其参观者四散在各处的状态也颇具魅力，因为有人的存在，才可以在这个透明的建筑下具体地确认人与空间的距离，更好地理解新空间形式的妙趣。

扭曲的距离之感

在鬼石町多功能设施中，会发生这样一种现象。虽然对方看起来就在眼前，但其实两人相隔着玻璃幕墙，或是虽然看起来相隔很远，但其实两人在同一室内的一侧。这是视觉与距离之间的有趣的扭曲，本应在室外却给人感觉是在室内，即使在室内却又与室外相连接，如同是一座有着透明玻璃的迷宫。笔者访问该设施时，看到中年男女聚集在该大厅中练习社交舞，并注意到了不可思议的传音效果。由于扭曲的形状，即使可以从玻璃的另一侧看到大厅，但却听不到声音，然而在看不到大厅的入口处却可以听到声音。也就是说，明明很近却好像很远，明明很远却又好像很近。扭曲了距离的玻璃风景延展连绵，这种建筑也反映了信息化社会中的空间意识的变化。虽说是信息化，但并不是指房间中带有影像屏幕的墙面，而是指随着手机及网络的普及，即使就在身旁，也好像身处另一个世界，明明远离，却又彼此联结的感觉。

梅林之家 [作者摄影]

丰田市生涯学习中心逢妻交流馆 [作者摄影]

　　在梅林之家（2003）中，妹岛和世以仅有16毫米厚度的铁板来间隔小

房间，这种异常薄的墙板不像是建筑应有的结构。并且，在室内仅有开

口结构，完全没有用于开闭的门窗。因此，这里可以存在许多房间，且所

有房间又都是时刻相连的空间。与鬼石町多功能设施一样，即使看不到样

子，也可以听到声音。梅林之家是多层细化的一室住居，各个房间如同抽

屉，但各自又都不失宽敞。通过开口看到对面的风景，由于墙板很薄，给

人一种脱离现实的感觉。明明只是旁边的房间，但却像是远方的影像，给人的距离之感也与鬼石町多功能设施一样，是偏离了实际的。

丰田市生涯学习中心逢妻交流馆（2010）是一座完全由玻璃围合的建筑，是将在鬼石町中的尝试进行立体式的展开。不仅是外观，卫生间、仓库、电梯除外，几乎所有的房间也都是透明的。大中小的会议室、和室、烹饪教室等全部房间呈现圆形，透过玻璃可以全部看见，必要时可以用窗帘遮蔽。通常多功能大厅是一个封闭的空间，然而该建筑中的多功能大厅却是被双层透明墙壁围合而成，在隔音的同时，还是透明可见的。即使在建筑内的中心部分，也可以清晰地看到外面的风景。

丰田市生涯学习中心逢妻交流馆的另一个特点是具有变形虫一般的软绵绵的轮廓。SANAA擅长运用新的曲线，将该建筑三段叠加，而且每层的曲线都是相互错开的。由此带来了与直线墙体不同的视觉与空间效果。比如，行驶在前面道路上的汽车会通过玻璃被拖长，形成二重影像，映射在玻璃面上。

建筑并不讲求强烈的形式，其空间应与周围的风景融为一体。实际上，丰田市生涯学习中心逢妻交流馆背靠逢妻女川，是一座可以直接感受到自然的建筑。它不存在封闭的围墙，身处其中，并不会有闭锁感。即使进入房间，也可体验到如在户外一般的开放感。而且，通过圆形天窗和圆形通道，也可看到建筑上部或下部的风景。建筑的最大自由度是妹岛一直以来所探求的主题。

西泽立卫

超越影像与语言的建筑

称为暗箱的主体

暗箱就是指黑暗（obscura）的房间（camera），即在封闭的房间墙面上开一个小孔，使户外景色透过小孔投射在室内，从而形成颠倒的光学影像。该原理早在两千年前就为人所知，随后为了便于艺术家写生，可户外携带的暗箱问世，并通过将镜片嵌置在小孔处等一系列改进，将投射在内部的外部形象进行化学固定，从而发明了相机。

乔纳森·克拉里表示，在近代暗箱常被作为"模型"来阐释人们的视觉与自我省察，是象征主体位置与外部世界之间的关系的重要模型[1]。换言之，"暗箱是在其黑暗的封闭区域内部，将观察者作为必然地被他人割裂、包围的自律的存在而进行定义或限定。"同时，"暗箱的功能是将'看'这一行为，从作为观察者肉体的身体中割裂，并将视觉非肉体化。"透视画法仅决定观察者与二维表象的位置关系，而暗箱超越了一般的技法，从内部的观测者与外部的世界之间的关系中产生特别的主体。此外，约翰·洛克也在《人类理解论》（1690）中论述道："唯有外在感觉与内在感觉，才是我获得有关理解认知的唯一道路……唯有这些东西是使光射入这个黑暗的屋子里的可称之为'理解的窗'。之所以这样说，是因为我认为理解就是与除去极小的孔之外便完全不见光的闭锁小室并没有太大不同。"

暗箱可以说是具有建筑性构造的模型。为使室内变暗，需要在四面设置墙壁，在上方设置屋顶，将空间围合起来。不过它并非是完全封闭的，还有可导入光的窗（也可能有观测者进出的出入口），如同凿了孔的箱子。从某种意义上说，这可能是最基本的建筑模型。总之，比起所有面皆可为玻璃的近代以后的建筑，由仅带窗的砖石结构所构成的前近代建筑更接近暗箱的模型。建筑设计大师弗兰克·盖里曾被询问建筑与美术的不同之处时表示，"建筑中有窗，而美术中没有窗。"也就是说，在建筑中存在着与外部交流的内部空间。

限研吾表示，建筑中的"窗子是主体用来看客体的孔"[2]。也就是说，主体进入到建筑内部，从中将外部作为客体来观察。严格来说，暗箱并不是透过孔直接看外部，而是以观看投射在墙壁上的外部影像为特征，所以它与一般的建筑相比略有不同。评论家比特瑞兹·科罗米娜指出了近代建筑与相机在结构上的相同性[3]。她表示，勒·柯布西耶是以"看"为生的人。在勒·柯布西耶的住宅中，窗子就是"截取风景的相机"，居住就是"生活在相片之中"。

周末住宅的模型

下面，让我们基于以上背景，来分析西泽立卫个人设计的周末住宅

（1998）。可以说，该作品力图打破近代以后的设计中仍具有重要地位的暗箱模型这一形式。

周末住宅建在半山腰上，建筑横截面是长与宽皆为13米的正方形。它的屋顶平坦，如同是放置在森林中的低矮的黑色箱子。几乎没有窗子的外墙覆盖着镀铝锌钢板，呈闭合状态。因为这是一个夜间人迹罕至的住宅，出于业主的要求，西泽减少了窗子，且不安装大的玻璃窗，以确保住宅的安全性。该住宅通过插入三个不同形状的采光井建立内部空间与外界的联系，在这里没有所谓的走廊等场所。内部的采光井承担着采光与通风的功能。在所有采光井的上部设置的百叶窗，将条纹花样的美好影像投映在了住宅内部。

西泽设计的住宅拒绝通过外墙上设置的窗子来将风景引入到内部。如果像一般的建筑那样，将在墙壁上开孔，使影像呈水平方向通过的物体定义为暗箱的话，那么西泽的住宅就是具有与此不同性质的模型。他表示，如果仅透过窗子才可看到外部的风景，反而会增加建筑的闭锁性 [4]。因此，他借助内部的采光井，从建筑上方将外部的自然景象暧昧地引入。周围的绿色反射在玻璃上，映入到室内天窗铺着的塑料薄片上，进而外部的景象被带入到了内部。而且，其影像与室内的构成材料和饰面材料产生共鸣，间接的影像与实物混合在了一起。于是，住宅在物理层面呈封闭状态的同时，

周末住宅 外观／内景 [摄影：细矢仁]

又产生了比实物更广阔的空间。

西泽在设计过程中，开始感觉到有意不将墙壁打开的设计是很有趣的。他更新了外部与内部的关系。SANAA的M-House（1997）也没有明快的窗子面向前面的道路，而是通过下挖的中庭来接触到户外的光线。这些都不同于在墙壁上设有窗子的那种暗箱。然而比起从玻璃窗直接看到外界景色的那类建筑，西泽的周末住宅是伴随着阳光将周边的风景带入中庭的，居住者可以更好地欣赏到外部的影像。从这些投射方法来看，相比一般的住宅，西泽的住宅其实更接近暗箱的本质。

青木淳将西泽的周末住宅与暗箱进行比较，并阐述道："封闭状态反而可以将外部引入到内部。只不过暗箱是将外部的风景本身带到房间之中，然而西泽的周末住宅则是给人一种周边的绿色主动进入其中的感觉，实像的对象并不明确，也不知道会看到周围的哪处绿色。它是一种将外部环境带入其中的感觉。"[5] 在这段阐述中，我们可以知道西泽的住宅并没有将外部的正确影像投射在室内。从这点来看，西泽的住宅不是正确客观地记录世界的装置，它并没有继承暗箱的功能。

朝向数据库的空间

过去在与笔者的对话中，西泽对影像做出了如下评价[6]。影像由于独立性很高，强而有力，可以呈现一定的效果，而被人们使用，然而现在我认为这种手法并不太好。这是因为它常常对展示空间有所要求，在实现上有一定的难度。也就是说，它规定了是完全的暗室的这种最佳状态，造成的结果是展示都很相似。而电影可谓是这种影像的顶点，很难被超越。西泽的这段阐述很有趣。电影也将放映机作为光源，透过小孔将世界投射在暗室的墙壁屏幕上。然而，西泽却在住宅和展示中制造出了有别于暗箱的明亮的房间。

哲学家东浩纪根据前文介绍的乔纳森·克拉里的论述，将前近代与近代，分别用暗箱模型与放映机模型进行了说明 [7]。电影院也是一个主体在其内部观看影像的暗室，但并不是单纯地投射外面的世界。在近代，有在可以看到的世界（屏幕）的背后制造大型物语，赋予各个事件意义的电影放映师。也就是说，主体的内部与外部从一致的表层的前近代世界观，转向了被生理学的视觉系统所支持的有深度的近代世界观。然而，后现代主义的世界观通过计算机的界面被模式化，在世界的背后仅存在着未决定意义的集聚数据。此后，建筑产生了新的深度，通过主体的操作来赋予意义。

在"间画廊"的"从空间到状况"展（2000）中，西泽个展似于世界对数据库模型的认知。不仅没有影像，连模型与设计图也不存在。房间是空洞的，给人一种似乎没有展示任何东西的瞬间错觉。为控制展示室的环境，并没有封闭房间使其变暗。在该展示室中，并不展示作者创造的设计，而是注重在受到环境变化影响的墙壁表面所发生的现象。在白墙上仅粘贴着一些标示性的语言，比如标明温度、照度、风速等在墙壁各处所测定的数字，或是指出墙壁上的瑕疵与污垢。换言之，西泽将多层次的数据风景与现实空间重合在了一起。

大量数字的集聚可能暗示着外部的天气情况，但又并不将世界直接表象化。每个数据不具意义，也没有给予任何补充，而是等待着来访者从中提取意义。或许也可以这样说，本来不可见的深层数据库在该展示中出现在了表层的界面上。如同电影《黑客帝国》第一部（1999）中的最后一幕，主人公尼奥成为救世主的瞬间，窥视到了计算机做成的虚拟现实世界的数据。如果各个数字通过计数器而不断变化，那么会更强烈地感受到这种形象。西泽的展示空间旨在创建超越暗箱的房间。

住宅与展示室虽然是不同的空间表现形式，但却具有共通的认识。它们撼动了内部与外部之间的安定关系，威胁了主体的位置。西泽通过两个方法扭转了暗箱模型。

在概念分解中探寻丰盛的现实

从垂直的视角拍摄一个躺在公园里的男人的伊姆斯夫妇导演的《十的次方》（1977）中，每隔10秒钟就将场景放大10倍，或者将场景缩小到原来的十分之一。由此，我们熟悉的这种景象就立即变成了像原子或银河那样的世界。西泽立卫的设计就是通过略微调整倍率，而向我们提供了一个全新的世界。换言之，他通过对观察方法的操作，为人们提供了一场丰富的视觉盛宴，而不是凭借令人惊讶的奇妙造型来吸引人的眼球。他这样描述过他的周末住宅。

"如果你集中注意力观察'进餐'的场面，你就会发现一系列不同的行为。例如，在进餐时，你会注意到他们抬着胳膊、摇头或者打哈欠，以及其他这样的奇特活动，你会发现很难用单一的词汇来描述'进餐'这一行为。"(5)

看起来似乎"进餐"和"家庭聚会"之间有着清晰的界限，然而，一旦改变倍率，你会清晰地看到"进餐"这一部分还塞满了庞大的行为，因此边界似乎也变得模糊了。尽管我们通过"进餐"和"家庭聚会"的概念将世界分割，但当你用微观的视角进行观察时，会发现实际的行动又都是无缝连接着的。让我们再来看一个例子。彩虹一般被认为是由七种颜色构成的，然而，光带并没有被数据划分为七个部分，而是进行着连续的波长变化，其中还包含着被称为"红色"和"蓝色"的波长。而在不同的文化圈中，彩虹有时会被看作是由三种颜色或十种颜色组成的。

也就是说，我们要对理所当然的观念有所怀疑。

在"从空间到状况"展中，西泽记录了照度、温度、风速等数字，以及瑕疵的状态，将白色立方体看作均质的白墙，这一展览环境中实际上早已充满了无数的不同 [8]。在西泽的"周末住宅"（1997年）中，以网格形式整齐排列的椅子可以被随机打乱，这一过程中会产生无限的变量。也就是说，这一装置并不存在网格和随机的二项对立。如果你局限于"网格"和"随机"的概念，那么多样化的现实将被隐藏起来。然而如果你从更宏观的视角来看，就会发现它们皆包含在物质的排列这一无限可能性之中。当然，我们还没能给予这些状况合适的名称。西泽在设计过程中常会制作许多草稿模型，他将原因解释如下。

"形态还不是语言的一部分。在极为原始的世界中，我们还不能借助语言来正确表达那种微妙的差异。于是，我制作模型，以便能观察其差异，也就是通过比较来发现差异，进而甄选出最好的模型……对于两条曲线，即使你起初全然没有注意到它们的区别，但当你制作许多模型时，就会发现它们的差异……首先是比较模型A与模型B，然后是B1与B2，再后来是B2-1与B2-2等，按照这样不断地变化形态，进行细致的比较。" [9]

改变世界分割方法的建筑

不要根据已经既定的概念进行设计，而要利用对模型的操作来寻求真相，并以此为基础去创造未曾有过的空间。市川公寓计划以简单的长方形为轮廓，但同时内部又用复杂的曲线进行了分割。镰仓住宅（2001）方案也没有选择常规的矩形，而是两边稍有变动的平行四边形。上面两个例子都是对未命名的建筑形式的探求。西泽在介绍新富弘美术馆设计竞赛中使用的墙角相连的矩形集合体时表示，"世间有许多空间还没有命名。"[10]

在天津住宅区大型项目中，以起居室、餐厅等将生活区进行了分割。这不是微观的视角，如果宏观地进行观察，会发现每个单元之间的关联都有所更新。比如，在豪宅中，为避免营造大的空间，而将其细化为许多房间，并将这种户型描述为"40LDK"，这是我们所不熟悉的名称，然而它却进一步贯彻了"nLDK"体系，从而将空间从内部进行了分割。

在东京的典型样式住宅与公寓的环绕下，有一座由10个白色盒子构成的森山住宅（2005）。令人意外的是，在这样的周边环境中，它并没有任何违和感。没有围墙，盒子与盒子之间的空隙如同小巷，具有绝妙的距离。与周边的街景相融合的同时，又创造出了新的风景。这是现代的设计，但其构成手法却又给人一种怀旧感，使人想起与周围浑然一体的巷子般的空间。也可以这样来解释这座森山住宅，它是去除了圆盘的金泽21世纪美术馆，不拘泥于尺寸，是相同形态的系统在住宅设计中的一种尝试。它由业主的专用住宅和5户租赁住宅构成。一般的住宅会将整体建造成一栋大楼，再对内部进行划分，将一部分用于出租。然而在这座住宅中各个

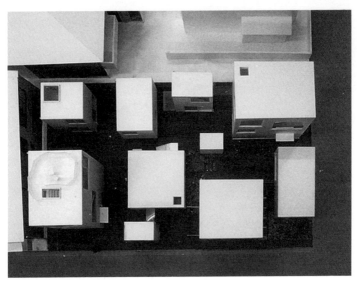

森山住宅 模型 [西泽立卫建筑设计事务所提供]

单位是分散布局的，并没有统合在一起。从而，形成了三层楼的公寓、可通向屋顶平台的单层空间、仅设置浴室的小箱体等许多尺寸的长方体。而且，窗户的位置也经过精心的布局，衍生出了住户既可在视线上有所交集，又可保护自己个人隐私的多种关系性。

对于改建的住宅，将一部分作为业主的住宅，将另一部分用于租赁的趋势越来越强。可以说，它是存在于独栋住宅与集合住宅之间的，但仅凭外观通常是看不出来的。在这种背景下，森山住宅可谓是将这些不动产独具匠心地改编为了建筑的形式。业主在其中的三个"盒子"中生活，以后可能还会渐渐收回租赁部分的"盒子"来自己使用。这是与这些生活的变化相适应的建筑。此外，十和田市现代美术馆（2008）是森山住宅的进化，它沿袭了将大小不同的白色盒子散布在基地上的构成形式，同时每个盒子又对应着固有的艺术作品，用玻璃回廊将整体连接起来。也可以这样来理解这个建筑，它是金泽21世纪美术馆中的圆盘崩裂后盒子凸显出来的景象。

丰岛美术馆（2010）并没有割裂建筑与美术之间的关系。它是建筑家西泽与美术家内藤礼以水为主题，共同创造出来的空间，不能简单地用"美术馆"的"作品"来形容。建筑的轮廓呈现出水滴般的自由曲线，屋顶也以流畅的曲线进行描绘。与一般的几何学不同的形态可能很难让人想到这是一座建筑。它不是在远处也引人注目的雕刻物体，而是将美术馆的体量融入了绵延起伏的丰岛的地形之中。这座建筑的通道也给人以深刻的印象。在环绕着明神山的步道上，在鉴赏艺术空间之前，还可以眺望濑户内海优美的自然风景。

屋顶是如贝壳般的壳体结构，被其覆盖的室内没有柱子。最宽的地方有60米的空间，相当于一个体育馆的大小。为了降低天花板的高度而没有设置墙壁，水的装置艺术在眼前延展开来。屋顶是堆土的模框，这是在浇筑混凝土后，借助挖土的特殊构法而实现的。另外，在美术馆的入口没有门，在屋顶的开口处也没有镶嵌玻璃，任风雨自由地在馆内出入，给人一

丰岛美术馆 [西泽立卫建筑设计事务所提供]

种置身户外的感觉。

内藤礼在地板上设计了极为细微的小孔，山中的泉水能从小孔渗出，顺着地面上几乎感知不到的微小坡度，如活物一般缓缓跃动。他借助水，反映出了超微细的室内地形。而且，像一个硕大的水滴的建筑外观，也具有与岛的地形相呼应的景色。此外，室内地板上的水滴与其他水洼合为一体，不断地变化着形态。如果你凝神眺望，会发现其形态酷似丰岛美术馆的模型。可以说这是一座集微观与宏观形态于一体的建筑。

当你改变视野的倍率，而不是依赖语言时，你将发现世界会变得更加丰富多彩。

（本章介绍的是20世纪50年代出生的建筑家，而西泽立卫生于1966年，但鉴于他是前述的SANAA的成员，所以将其放在此章进行论述。）

译者注

(1) 乔纳森·克拉里著，远藤知巳译《观察者的技术》，十月社于1997年出版。

(2) 隈研吾著《新建筑入门》，筑摩书房于1994年出版。

(3) 比特瑞兹·科罗米娜著，松畑强译《作为大众传媒的近代建筑》，鹿岛出版会于1996年出版。

(4) 引自西泽立卫《生活的整体》，《住宅专辑》1998年11月刊。

(5) 青木淳著《住宅论——12人对话》，INAX于2000年出版。

(6) 见《从空间到状况》，TOTO于2001年出版。

(7) 引自东浩纪《日本型后现代主义为什么停滞不前》，《讲座》2001年1月刊。

(8) 五十岚太郎著《终结的建筑/开始的建筑》，INAX于2001年出版。

(9) 见《建筑文化》2002年6月刊。

(10) 见《新建筑》2003年1月刊。

隈研吾

疾驰的游戏玩家

泡沫建筑与后现代

模仿通天塔的建筑被称为"泡沫之塔"。实际上，席卷了20世纪80年代后半期的日本的地价高涨等一系列经济现象瞬间瓦解后，留存在东京各处的大楼及公寓等就被当地居民称为"泡沫之塔"。对于这些建筑，无论是承租者还是迁居者都无法对其去留做出决定，于是，这些夸示其威严形姿的建筑如同空壳被空置在那里，成了电子时代的废墟。在这种社会背景下，隈研吾登上了历史舞台，他模仿维特鲁威的《建筑十书》的书名，写成了《十宅论》（1990）。在这本书中，他论述了居住者的生活方式与住宅设计的模式化，并针对引用过去建筑的典型的后现代设计，对其进行了大胆的展开。隈研吾生于1954年，在东京大学跟随原广司学习，1979年完成硕士课程后去往美国的哥伦比亚大学留学，成了一位理论派建筑家。

隈研吾的建筑史再考（1989）、乡土建筑（Rustic，1991）、将多立克柱式的柱子巨大化的青山陶立克（Doric，1991）等初期系列作品，是将西洋建筑的样式视为符号，并将其重构的商业大厦。伊豆的浴池小屋（1988）具有当时美国流行的形态破裂的解构主义倾向。M2（1991）是表达这些设计手法的高潮之作，隈研吾将从古典主义到现代主义的各种建筑词汇镶嵌到了这一

M2 [作者摄影]

建筑中。20世纪80年代，矶崎新的茨城县筑波中心大厦（1983）与石井和紘对古今中外的建筑进行的过激取样受到了广泛关注，而M2凭借近乎世界最巨大的爱奥尼柱式的柱头令世界震惊。隈研吾提倡通过随机的拼贴操作，营造出混乱的状态，消除建筑中的主体。出自他之手的M2被视为"泡沫时期东京的象征性建筑"。

并未赋予特别意义的空虚的纪念性，被M2这一建筑表达出来，它鲜活地刻印了一个时代。比如，异常庞大的爱奥尼柱式的圆柱已经与文化的文脉没有关系，仅仅是虚无的徘徊在空中，并不具有任何意义。那种巨大的空虚与空空如也的大厦残骸一样，正是泡沫时期独有的产物。下面让我们来了解一个来自《圣经·旧约》中的名为"巴别塔"的通天塔的传说。在诺亚洪水之后人类仍对神无所畏惧，他们联合起来兴建希望能通往天堂的高塔，这招致了神的愤怒，于是神打乱了人类的语言，使他们说不同的语言，导致相互之间不能沟通。基于这个传说，我们可以说M2具有双重意义。一方面，如上所述，它是一个空虚的塔；另一方面，它又是这种混乱语言的实践者。

爱奥尼柱式的样式、檐口、三角墙、拱形、上下飞机用舷梯、苏联建筑师列昂尼多夫的苏联重工业省总部方案、高科技的中庭、平滑的主立面、画家埃舍尔的无限阶梯……所有建筑要素皆可用语言表达，因此建筑的语言游戏的混乱状态格外明显。然而，它又并非像作家洛特雷阿蒙所描述的那样，"美得像一架缝纫机和一把雨伞在解剖台上的偶然相遇"。可以说它是本来无法存在于同一平面的语言被杂烩在了一起，但更准确地说，它应是建筑语言的自律游戏，通过建筑来进行建筑评论。于是，它从意义、功能以及规模等建筑所包含的所有制度中解放出来，而追求具有分裂性质的语言空间。

这类似于20世纪80年代兴起的浩室音乐（House music）。浩室音乐是由选录、剪切、混音等手法构成的音乐，它告别了象征性的时代，甚而瓦解了原创的神话。隈研吾的M2也彻底地破坏了古典的象征。它变化素材，将其扩大或缩小，并加以重新编制，从而变换面貌，是一个让观看者不得不转变原有认知的巨大装置，可谓是一个理念的妖怪。已经无法摆脱历史化的M2在拒绝象征性的同时，令人感到讽刺的是，它却被人们视为泡沫时期的象征性建筑。

隈研吾表示，建筑家还是高灵敏度的接受者，兼具这项技能的他们正在成为游戏软件开发商。可见，在东京的建筑史再考（1989）及乡土建筑（Rustic，1991）等作品中，不断被重复的问题是与仿真艺术类似的。毋庸置疑，M2是其集大成者，同时它也被定位为"未被自己的风格所束缚的隈研吾"，从建筑语言的游戏向下一个游戏飞跃的转折点。疾驰的游戏玩家隈研吾追求的是最高纪录，他开始向下一个台阶跨越。

主体的隐去

20世纪90年代以后，隈研吾与后现代主义的表达诀别，转而追求与之前给人的印象完全相反的极简主义设计。不过，弱化主体这一倾向仍然没有改变。隈研吾批判对周围有威压感的那种用环境来突出物体的客体型建筑，并表示无论是现代主义还是后现代主义都没能从其咒语中逃离。他受

北上川运河交流馆 水之洞窟 [作者摄影]

桂离宫等日本古建筑以及布鲁诺·陶德的旧日向别邸影响，提出了"反造型"的概念。在他的同名书籍《反造型》（2000）中，他围绕"链接""流出""隐去""线""极少""颠倒""电子""粒子"等关键词对设计手法进行展开，提倡以拒绝形态为前提的意识与物质的连接、用流出来填补主体与世界之间的龟裂、隐去建筑的台基、批判物质的极少化、拆解为线从而打破固有模式、借助电子化来摆脱视觉依赖、将形态解体成粒子等。

例如，在隈研吾的龟老山展望台（1994）中，将阶梯序列刻入了山谷之中，看起来像是山谷中的一条狭长的裂缝。北上川运河交流馆水之洞窟（1999）不强调形态，而是使建筑湮没在地形中，从而成为一个消失的建筑。在毗邻旧日向别邸的水/玻璃（1995）中，水面连接着外部的海，创造出了透明玻璃环绕下的鉴赏者与水融为一体的空间。此外，隈研吾还注重利用计算机来消除建筑的可能性。在慰灵公园项目（1998）中，行走在地面下挖的庭院时，可以勾起来访者对死者的记忆，它是将真实空间与虚拟空间联结在一起的一种尝试。在爱知世界博览会项目中，隈研吾提议让来访者佩戴着护目镜行走在森林中，将自然原封不动地转换为一个自然博物馆。隈研吾对媒体有着敏锐的感性，在建筑杂志《SD》1997年11月号的隈研吾特辑中，还附带了在当时具有划时代意义的含有影像的CD-ROM光盘。

隈研吾在其著作《负建筑》（2004）中，提倡构筑更为柔和的被动式的"负建筑"模式，而不是压倒环境的在20世纪惯有的"胜建筑"。这是延存被社会所疏远的建筑的一种手法。20世纪，公共投资与房产政策跟凯因斯经济学与民主主义联动，在这种世界膨胀的背景下，人们打造了许多超高层大厦与纪念碑式的建筑，然而这些模型皆已失效。于是，隈研吾不主张构筑那些将空间包围的建筑，转而探索面向都市敞开，与周边环境浑然一体的建筑。

隈研吾在改建日本铁道涩谷车站八公口的主立面（2003）时，为配合围绕着交叉路口的斜对面的Q-Front大厦和109大厦的大型屏幕，将平庸的主立面墙壁改建为散射着杂乱无序的云朵形象的透明玻璃。他将自己拍摄的涩谷的云朵的照片进行数码加工，在变换为斑纹状后，再将其印制在叠层玻璃上。当时，他将三层强化玻璃叠合，并在其中的两层玻璃上分别用灰色陶瓷与白色陶瓷印制云朵图案。他以6毫米的幅度将两个形象重叠，从而在平面上营造出微妙的立体感。

　　印制在玻璃上的云朵、反射映入在玻璃上的云朵、透过透明玻璃看到的对面的真实云朵，这些实像与虚像复杂地缠绕在了一起。嵌入主立面的玻璃如同是大楼打通了墙壁，极具开放性，而大楼的其他立面用于广告宣传，这种对比性的组合看起来十分有趣。从外面可以看到白色的云朵，而站在车站内部的站台上也可以从这些云朵图案的间隙中窥视到广场的风景。20世纪90年代以后，在涩谷车站周边的商业设施中增建了许多透明建筑，而车站也因其透明性，让人们再次注意到了山手线的站台与站前广场是如此邻近。只是稍许修改，街道给人的印象就会焕然一新。

百叶式的极简设计

　　那珂川町马头广重美术馆（2000）、石材美术馆（2000）、那须历史探访馆（2000）是出自隈研吾之手的那须三部曲，他以此为契机，大量使

那珂川町马头广重美术馆 [作者摄影]

用百叶式的设计，探求素材的多种使用方式，这一趋势自2000年以后变得尤为显著。那珂川町马头广重美术馆利用纤细的杉木百叶窗构成屋顶与墙壁的表层。石材美术馆将石材削薄，制造多孔的石材墙壁，由此削弱石材的厚重感。它们皆是借助数字化技术，将有历史感的当地素材变成了崭新的设计。此外，北京长城脚下的竹屋（Great Bamboo Wall）（2002）是由百叶般排列的粗壮的竹子构成的建筑，隈研吾将较为柔弱的素材积极引入到

石材美术馆 [作者摄影]

了建筑当中。

正如隈研吾在《自然的建筑》（2008）中阐述的那样，他对拘泥于强

劲这一形式的建筑的存在方式抱有怀疑，力图用木、竹、石等代替铁与混

凝土，以新的手法运用多种素材，并发表实验性的作品。塑料之屋（Plastic

House）也是对20世纪的封闭式都市住宅的批判，它是由纤维增强复合材料

（FRP）制的纤细百叶窗与板材的半透明墙壁所构成的空间，仿佛是介于

自然与人工之间的存在。这是摄影师桐岛象太郎与其母亲作家桐岛洋子的

家，在这座住宅中同时设有摄影室与画廊。一层的客厅前后皆设置了整面

玻璃，是一个将前面的公园与后面的庭院连为一体的开放式空间。

虽命名为塑料之屋，但它并非是一个塑料模型。在该建筑中，经由玻璃纤维强化的塑料（FRP）随处可见，半透明且呈现淡绿色，具有介于自然与人工之间的那种奇妙质感。庭院中纤弱的FRP制百叶窗投下美丽的倩影，如同极简主义的艺术表达。FRP是战争时期开发的复合材料，它比金属还要轻，但又不会像金属那样易生锈。人们充分发挥了可呈现多种自由形态的塑料的优势，并将塑料与玻璃纤维混合来加强强度，由此FRP作为飞机及浴池等的素材，并得到广泛应用。战后伊姆斯设计的椅子也应用了这种素材，然而像隈研吾这样将其大量的引入到建筑中，恐怕还是首次。

隐约地透入阳光的FRP板墙壁，并未将内部与外部进行完全分割，而是营造出了一道内外模糊暧昧的界限。我们甚至可以窥视到将丁基橡胶打碎后镀成的一种新开发的细节处理，并感觉到它的温泽。庭院林立的FRP素材犹如人工的竹墙。FRP材质的阶梯与大幅向外延展的露台呈现出纤弱感，身处其中可望见给人以危险感的下部空间，但正是这种设计唤醒了我们几乎已经忘记了的身体感觉。当然，FRP虽然看似纤弱，但并不孱弱，它的强度绝对可靠。这种塑料素材导入了新的空间，隈研吾创造出了可预见21世纪发展趋势的建筑。

2009年，展示东洋优秀美术作品的根津美术馆重新开放。当时，展示面积扩大到了1.6倍，为了避免因其庞大而造成威压感，防止扩大后的和风建筑产生违和感，隈研吾进行了别具匠心的设计。比如，在断面上尽可能地降低屋檐，在檐前设置鲜明的边缘，将大的面分割成细长的单位，通过这些手法，追求彻底的洗练的建筑形象。该美术馆的入口设置在侧面，一半是竹墙一半是竹林的回廊犹如茶室的院落，行走其中，会给人一种在渐渐远离都市的喧闹之感。

那珂川町马头广重美术馆与六本木的三得利美术馆新馆（2007）等是由细线的集聚而形成的百叶设计，是隈研吾开发的黄金必胜模式。如果将竹子与杉木等作为表面素材，便会酝酿出日式的氛围感，同理，如果在海外的项目中有效利用当地的石材，那么便可能成为一种地域性的表达。这可谓是通用性高的便利系统。此外，根津美术馆也被认为是隈研吾一系列作品的延展，亦或者说，它是隈研吾充分调动以往经验的集大成之作。该建筑不仅依赖于感觉，而是逻辑性地决定每一处细节。上述设计手法在针对设备、照明、伞架、梁等的隐去上也同样有效。

根津美术馆庭园中的咖啡馆（NEZU　CAFÉ）也同样很美，但更令人赞佩的是建筑家也充分参与了美术馆内部展示室的设计。通常会展公司参与的情况也很多，而在该美术馆中，在素简的展台与照明中也贯彻了设计者对建筑的理念。二层的常设展厅设有中国美术、工艺以及茶具展，经过设计者与策展人的细致调整，形成了符合各自特点的空间。日本现代建筑的细腻设计极为先进，然而不能否认，它也有着让世界难以理解的部分。但是，隈研吾并没有为营造岛国的神秘感而进行封闭式的设计，而是乘着全球化的浪潮展开设计，力图开创建筑的新方向。

第四章 柔缓解读环境与形势

1960—1969年生

犬吠工作室

后泡沫时代的日本现实

流行的实地考察

从犬吠工作室（Atelier Bow-Wow）听到过这样一则笑谈。

将犬吠工作室的小住宅与某位欧洲建筑家的住宅计划放在某种相同条件下做以比较，在欧洲建筑家设计的一个房间中恰好可以放入犬吠工作室的小住宅。对此，就连一直制作小住宅的犬吠工作室自身也感到十分惊讶。这些犬吠工作室的作品与日本的背景是密不可分的。所以，让我们先对日本战后建筑的动向进行说明。

第二次世界大战中，在美国的空袭与原子弹下，日本的主要城市成为焦土。那时的日本几乎所有都要从零开始。但是，在其后的20世纪60年代迎来了经济高速增长期，以惊人之势推进着都市的开发。当时，为配合1964年的东京奥林匹克，建设了巨大的混凝土工程——首都高速，与此同时，还引入了近代都市计划理论，诞生了首个真正的千里新城，为其后1970年举办的大阪世界博览会提供了场地。当时日本都市的风景发生了不可逆转的变化。犬吠工作室的成员就是生于这样一个时代。因此，对于他们而言，祖国的风景并不存在怀旧性。由于战争与开发，古老而美好的日本姿态早已消失。顺便一提，犬吠工作室成员冢本由晴生于东京奥林匹克的第二年，而贝岛桃代生于大阪世界博览会的前一年。

两人学习建筑时正值20世纪80年代，当时由于泡沫经济繁荣，粗制滥造的后现代建筑在迷乱的东京横行。主张强烈个性的建筑家们的设计充斥着华丽的装饰、鲜艳的色彩以及鲜明的奇特形态。许多海外建筑家来到日本，比如实际作品并不多的理论派建筑家彼得·艾森曼也在日本实现了自己的设计项目。当时，年轻的建筑家们也不必再四处奔波，便可源源不断地获得高预算的设计项目。对于这些建筑家来说，这是一个梦幻般的时代。然而，20世纪90年代初期，泡沫经济瓦解。1992年冢本由晴与贝岛桃代组建了犬吠工作室，当他们正要在这个时代大显身手时，却被切断了前路。因此，他们确立了与上一代不同的战略，那就是凝视原本的东京。他们在参与大学研究室活动的同时，还对都市进行观察，但并未将其观察成果写成论文，而是制成流行的旅行指南加以发表。

在1996年开始的东京制造（Made in Tokyo）项目中，犬吠工作室对那些乍一看杂乱无章，实则是对土地进行高效利用的复合功能性设施进行了探索 [1]。比如，将混凝土搅拌设备与职工宿舍合体的"预拌混凝土公寓"以及把超市屋顶当作汽车培训班的超级汽车学校（Super Car School）等就是他们研究的对象。这些正是在地价高昂的东京才会出现的奇异建筑。这些研究常被用来与罗伯特·文丘里的《向拉斯维加斯学习》（1972年）做比较，但它们可能更接近于雷姆·库哈斯等那种在制作设计图前将多种背景条件考虑在内的理念。过去，伯纳德·屈米提倡的将考虑到的要素进行图解并投射在建筑上这一理念正在东京实现。犬吠工作室就像在与泡沫时期的知名建筑家所追捧的那类设计对抗似的，反而在"东京制造"中对那些设计者不详的B级建筑进行了重新考量。而后，他们沿着东京涩谷线路设计的"宫下公园"（2011）这一高架复合运动设施可谓是以"东京制造"为基础的一次设计实践。

在《首都高速指南》中冢本由晴指出，在东京最大的构筑物是首都高速公路，并对高速公路中的土木空间进行了多角度的分析。[2] 相反，在他们的"宠物建筑"项目中，对产生于都市缝隙之中，其尺寸介于建筑与家具之间的小构筑物进行了调查。[3] 比如，开口部仅有0.8米、进深10米的房地产中介机构。这个小屋也被人们笑称为兔子窝，在一定程度上可以反映出东京土地的利用状态。通过这些调查，犬吠工作室发现了令人惊讶的空间功能与空间构成之间的关系。其后，他们在巴黎、广岛、金泽等地也开展了对都市的实地考察。

基于这些考察，犬吠工作室举办了展览会，并巡展海外，受到了世界的瞩目。他们所呈现的形象忠实地满足了西洋人的欲望，使他们感受到东京的混沌与后现代特征。20世纪30年代，布鲁诺·陶德来到日本，发现了拥有着现代主义那样的素简美妙的伊势神宫与桂离宫，可以说这与那些西洋人所感受到的东京是完全相反的。自布鲁诺·陶德之后又经过了60年的变迁，20世纪90年代，东方学被反转。冢本由晴在80年代后半期，去往巴黎贝勒维尔国立高等建筑学院留学，贝岛桃代在90年代后半期，去往苏黎世联邦理工学院留学。或许他们在观察研究日本都市的时候，这些海外经验也起到了重要作用。

参与都市的住宅

2000年以后，在东京的建筑界，两极化的状况愈加显著。一方面，由于限制被放宽，东京的巨大开发项目接连不断；另一方面，由于向市中心回归的趋势，小住宅的热潮成了各大杂志报道的对象。日本战后不再构筑过剩的优质都市型集合住宅，而向自有房产政策迈进。此外，由于土地的继承税高，因而土地被反复细分使其小型化。在这样的背景下，日本小住宅这一形式得到了发展。但是，开发的大项目仅由大建筑公司及海外的知名建筑家负责，而小住宅由年轻建筑家负责，两者处于完全断绝的状态。犬吠工作室就是后者。如果说大型不动产商是从高层大厦的最上层俯视都市的，那么犬吠工作室就是以匍匐在地上的犬那样的视角来观察都市的。由此，我们也可得知他们的工作室为何以"犬吠"命名。

冢本由晴毕业于东京工业大学工学部建筑系，贝岛桃代在完成日本女

迷你之家 [摄影：平贺茂]

子大学住居系的学业后，也进入了东京工业大学，在那里他们切身体会到了坂本一成细致入微的住宅设计，并将如何使用空间这一都市观察问题与设计融合在了一起。犬吠工作室虽然设计小住宅，但他们对建筑的思考并未止步于此。他们将狭小的基地等通常被认为是恶劣条件的要素，进行了积极的另类解读。比如Moca住宅（Moca House 2000）就高效利用了邻接的建筑之间的小间隙，将等价看待都市各要素这一研究的方法论作为设计手法加以利用。

犬吠工作室的Ani住宅（Ani House 1998）与迷你之家（Mini House 1999）注重住宅的建筑方式，特意在基地中央建造小体量建筑，为周边预留足够的空间 [4]。另外，在每层制造一个开放的而非闭锁的空间，实现了四面皆有窗子的开放性住宅。Ani住宅还对那种仅在南侧设置庭院而造成剩余间隙浪费的布局提出质疑。通常日本的住宅总是在南面方向制造开口，将其余部

Gae 住宅 [犬吠工作室提供]

分封闭起来分割成小房间，但是犬吠工作室设计的住宅却将整体打造成一个大空间，在内部各处制造开口，探寻住宅与都市的关系。迷你之家将因开发而使周边环境发生迅速变化的东京状态也考虑在内，它没有赋予任何一个方向特权，而是对所有方向实行等价开放的设计。避免了在住宅密集地区形成"表"与"里"这种界限分明的住宅模式。

Gae 住宅（Gae House 2003）是反映了书籍评论家永江朗的生活方式的东京小住宅。房主表示，没有必要在住宅内部完成所有生活细节，比如与他人洽谈时，可以在附近的咖啡店，要查阅资料时可以去附近的图书馆。该住宅由三层构成。内部建有茶色胶合板书架相连的半地下工作场所以及外覆着银色镀铝锌钢板的位于最上层的厨房，二者通过中央的白色通道流畅地连接起来。大屋顶与下部箱体的错位构成也颇具趣味。在屋檐内侧安置的水平玻璃窗将外部的阳光隐约带入室内，使人感受到房屋周边的氛围，如同一扇透明的地板。他们还根据过去绿篱绵延的周边街区，将檐下空间分割，用于停车场及绿篱等的建设。

Izu 住宅（Izu House 2004）并未建在都市中，而是建在了一个可以望到大海的绝佳倾斜地区。当然，它不是被动地眺望自然，而是一个房主与周边环境积极相连的装置。该住宅由向大海延展的平台、顺着斜面呈阶梯状分布的卧房、沿着等高线排列的工作室构成，继承了犬吠工作室对都市环境细致入微的阐释手法。

有性格的建筑

在由笔者企划的犬吠工作室的首个个人作品展览会"街道的使用方式：从小家的设计到大都市的观察"展（2004）中，展出了犬吠工作室在最初的十年间的集大成作品。展示中最引人瞩目的是将他们的代表作以实际建筑的规模再现出来，使人们亲身体验到了那些通常不在展览中呈现出的住宅内部空间的体量。这是在大阪麒麟广场（KIRIN PLAZA）的大厦中登场的住宅展示场。在会场中，迷你之家切割了溢出的上下部分，主要插入了第一层部分，轻井泽的别墅Asama住宅（House Asama 2000）正好整个嵌入。

也就是说，他们的住宅是可以收入到展示室那样的小住宅，只不过在展出中将原本的建筑素材换成了轻质的蚊帐，使其便于用速递进行运输。或许也可以反过来这样说，这些设施作为住宅的确是很小，但如果作为蚊帐却是非常大的。

作品的特征是全方位的开放与多孔的。在展示中，对周围的墙壁与窗子进行再现时，利用了影像与展示板，介绍了多样的"街道的使用方式"。我们可以从中看到新时代的路上观察学的成果以及参与公共空间的布置。也就是说，将全是窗子的家设置在会场，从中可以眺望到设计者理想的都市理念。此外，在他们另一个动态建筑的展示中，将所有作品以1∶100的模型在转盘上回转，不带有特定的正面，使来访者可从360度观看到这个敞开的设计。对于因受住宅安全的风潮影响，而造成的闭锁空间增多的现代社会，他们的建筑可谓是为当时的建筑界带来了一股清风。

与日本另一个建筑组合橘子组一样，犬吠工作室也是在艺术空间上引起了沸腾的建筑家。比如在2005年的横滨三年展中，犬吠工作室负责了会场的一部分空间设计，引入了原本在"大地艺术节越后妻有艺术三年展2003"中展出的比例极细的白色车型摊位，这是一个会动的小设施，为来访者提供小吃与休息场所。此外，在同时举办的横滨BankART Life展中，还展出了由多个被炉合并而成的极具风趣的临时性住宿设施。犬吠工作室

白色车型摊位 [犬吠工作室提供]

Furnicycle（上海美术双年展）[犬吠工作室提供]

常常参加这些艺术活动，认识了许多新一代的艺术家。比如，他们曾为

美术系的编辑设计过住宅，也与为他们的作品拍摄过照片的太加西·轰马

（Takashi Homma）摄影师交情深厚。

犬吠工作室对都市风景极为敏感。在上海美术双年展（2002）中，制

作了将自行车与家具结合在一起的Furnicycle。这是通过对当地的细致观

察，而创造出的可以在路上聚餐，举办家庭聚会等充满生活气息的作品。而且，他们在2005年制作了仅由西班牙与东京的街区构成的奇妙的螺旋形地球仪，明快地呈现出了两个场所的不同之处。可见，他们并不追求与周围隔绝的美丽洗练的现代主义般的住宅设计，而是喜好带有都市意识的住宅。当然，他们既没有像曾经的菊竹清训及安藤忠雄那样设计与都市勇猛对抗的住宅，也没有像浪漫的原广司那样在住宅内部塞入都市宇宙论，而是在解读周边环境，思考空间构成的同时，贴近都市，面向都市开放。他们设计的住宅，比如建筑之下有一处可停泊一辆小轿车的可爱迷你空间的迷你住宅以及为作家专门设计的Gae住宅等皆为有性格的住宅。可以说，它们给人的感觉并不是如高峰上的花朵那样是高不可攀的美人，而是可爱亲切的邻家姐姐。

他们设计的大型建筑也具有住宅般的性格。名为MB-1（Mado Building）（2006）的建筑设置了许多面向基地的窗子，窗口也是各不相同。大楼呈现多面体造型，由墙壁与窗子构成的两色方格花纹模式覆盖整体。因此，即使将建筑横向翻转，也仍具有作为建筑而成立的强烈个性。这是他们在三角形基地的前端，倾尽全力建成的大楼。过去他们以"宠物建筑"来形容那种生存于城市狭小的碎片空间中的多功能小建筑。然而像MB-1这种建筑，即使变大，其性格特点也是不变的。就像是战队系列特摄片中登场的人类大小的怪兽，到了节目后半，仍然给人一种巨大之感。

迟来一代的战略

据说与西洋相比，在日本都市很难构建广场。因此，犬吠工作室提倡构建小型的公共空间。东京立川的昭和纪念公园的花绿文化中心（Hanamidori Cultural Center）（2005）是他们参与的首个正式的公共设施。以往他们的项目都是如游击战般围绕着小型公共空间展开的，而此次却呈现出了如大广场般的建筑与风景。它大方得体，是一个由15根高度与半径皆不同的圆柱分散布局构成的空间。每个圆柱中仅放置办公室及厨房等房间的空间。此外，在柱子与柱子之间还营造出了画廊及咖啡馆等多样性场所。也就是说，近代的灵活空间是在均质的场所中导入易于安装拆除的可动式隔墙，而该建筑是通过沉重不可动的圆柱营造出了多样的空间。

花绿文化中心使人联想到宫崎骏导演的动画电影《天空之城》中的空中庭园，在圆柱的上部兼备播种箱，可以在屋顶种植较大的树木。而且，圆柱林立的力学构造，在屋顶创造出了顺应其构造的蜿蜒地形。建筑前方是平坦的公园，在这种背景下建筑起伏的轮廓变得格外显眼。站在这个绿意盎然的如"浮游庭园"般的屋顶上眺望公园对面，郊外的大楼会进入视线，产生不可思议的风景混合体。伊东丰雄也参与了该项目的监修工作，他之前设计的仙台媒体中心在玻璃长方体这一现代主义造型的内部，插入

花绿文化中心（基本构想：铃木雅和+贝岛桃代 设计：伊东丰雄、桑原立郎、金箱温春、环境工程设计共同体 协作：犬吠工作室）[犬吠工作室提供]

了对照鲜明的呈现出蜻蜓形态的新时代管筒，而花绿文化中心则是将轮廓整体大幅弯曲，进而通过多个圆柱有效呈现出屋顶蜻蜓的人造风景。它是屋顶庭园与公园的合体，给人的感觉并非是广场，也不是在路上，而是带来了第三公共空间。

丹下健三配合战后的复兴与步伐，在焦土的都市设计了堪称国家门面的理想的现代主义建筑及广场。然而，在半个世纪后出生的犬吠工作室是迟来的一代。当时，所需的公共设施及基础设施皆已齐备，土地被细化，东京这一都市的边界线变得模糊，住宅区也被渐渐地绵延到郊外。正因为如此，他们开始思考如何诠释已有的环境，如何有效利用这些环境定制出符合客户要求的建筑等一系列方法论。曾经，评论家亚历山大·楚尼斯与利亚纳·勒费夫尔将面对恶劣场所的属性也可设计出高效建筑的手法命名为"肮脏现实主义"（Dirty Realism）。犬吠工作室可能就是这种设计手法的日文版本 (5)。

当然，对犬吠工作室的这种设计态度也不无批判之声。比如，一些上一代建筑家及评论家认为，犬吠工作室的建筑无非是肯定现状，或是戏耍小的差异而丧失了大的理念。实际上，笔者也注意到在《东京制造》被发表时，他们未将对社会的批判性拿到表面，而全都是强调流行的趣味性 (6)。不过，其后他们对自己的一系列研究进行了定位，认为那些研究是用于探索未来都市整体的预备作业。

因此，犬吠工作室所进行的活动并非是对都市的全面肯定。当然，他们也不相信在重置的大地上可以立刻建造出一个乌托邦。于是，他们力图把握日本都市的现实，从中逐渐将批评性的观点剥丝抽茧。首先是彻底地观察环境。对已经存在并可以利用的环境进行利用。其次是对被忽略的空间的间隙加以想象。再次是插入犬吠工作室的建筑，提升环境的潜在力。由此，循序渐进地改变都市。

译者注

(1) 贝岛桃代、黑田润三与冢本由晴著《东京制造》，鹿岛出版会于2001年出版。

(2) 见《首都高速指南》，《10＋1》1999年16号刊。

(3) 《宠物建筑指南》，World Photo Press于2001年出版。

(4) 冢本由晴著《"小家"的察觉》，王国社于2003年出版。

(5) Architecture in Europe Since 1968: Memory and Invention, Tames&Hudson 于1997年出版。

(6) 五十岚太郎著《终结的建筑/开始的建筑》，INAX于2001年出版。

阿部仁史

作为媒体外衣的建筑

人型的外衣、机械是具有隐形性的，与此相似，现今的看不见的都市可能也与某种套装或是机器相近。都市也是在其中居住的人类穿在身上的套装，同时如果将其限定在交流可能或不可能的媒体中，那么它一定是一种"媒体外衣"。这里也潜伏看看不到的领土的扩张。

——上野俊哉*Metalsuits, the Red: Wars in Animation*（纪伊国屋书店，1998）

形态与环境之间

阿部仁史应该是一位即使仅仅追求造型也可以大显身手的建筑家。观察其作品的形状、素材、质感或色彩，可以感受到这些作品中共有的极强的作家性。然而，不仅这些硬件问题，他还关注软件问题，比如以仙台为舞台的活动、与居民的研讨、与建筑计划学家小野田泰明的合作等，这些都是在人的基础上探讨如何使用空间的软件问题。在一次采访中，他被问到"建筑家是否是制作空间这一盒子的人"，他表示"建筑家是发现盒子的可能性的人"[1]。实际上，继伊东丰雄的仙台媒体中心这一极具魅力的盒子完成后，提出"仙台设计联盟毕业设计日本第一决赛"这一新内容的正是阿部仁史。该决赛是于每年春天以仙台媒体中心为主会场，以学习建筑的学生为对象，公开评选出日本最优秀的毕业设计作品的活动，这对于建筑系的学生来说可谓是日本春天的风物诗。此外，阿部仁史还将仙台市卸町的空置仓库改装成自己的设计事务所，设置了自己活动的据点。该设

宫城体育场 [摄影：热海俊一]

计事务所具有大的通道空间，不仅用于工作的场所，在演讲及聚会等活动中也多次被使用，为这个夜间闲散的仓库街注入了活力。阿部仁史并不制作像盒子那样的容器，而是赋予这个盒子以内涵，他缔造的是一座从盒子到事件的实践性建筑。

在形态方面，阿部没有陷入一般化的造型，而是重视在解读周边环境等各种条件的基础上导入设计。或许可以说他的建筑设计是融合了形式主义与情境主义的几何学。读卖新闻宾馆（Yomiuri Media Miyagi Guest House，1997）以及和食店雪月花（1999）等也是基于这些想法设计而成的。阿部仁史将形态定位为介于内部与外部之间的东西。也就是说，建筑是位于人类与环境之间的媒介。他还认为，根据情况的不同，形态也是可以变化活动的。他将盒子非硬件化，探索其作为软件的可能性。

阿部与针生承一建筑研究所共同设计的宫城体育场（2000）是为配合2002年日韩联合举办的世界杯而设计的设施，作为当时日本与土耳其足球比赛的舞台给人们留下了深刻印象。阿部从日本东北大学毕业后，去往美国南加州建筑学院（SCI-Arc）留学，其后留在美国就职于蓝天组（Coop Himmelblau）建筑设计事务所的洛杉矶分部，之后在宫城体育场的设计竞赛中获胜，并以此为契机回到祖国，开始了以宫城县仙台市为据点的设计活动。当时他作为刚刚出道的建筑家就负责了如此令人瞩目的设计工作。与那些从设计小住宅及自宅开始，逐步获得更重要的工作的建筑家相比，他的成名模式可谓是一次不同寻常的起航。

宫城体育场的设计特点在于与地形的完美结合。同时，它还以不同的要素为媒介来定义形态。通常体育场是以暴力性的尺寸建造的对外封闭的碗状构筑物。也就是说，对于街道而言，体育场通常就像是一个外来物体。然而，在宫城体育场中，阿部提议将已有的平缓山丘作为开放的公园，将其融入体育场中。由此，一方面，侧面看台是将山丘的斜坡改造为观众席，并顺着绵延的山丘架设了屋顶。另一方面，与此相对的正面看台则呈现出优美的弧度，特别是与地面相连的根部被打造成了富有动感的混凝土构筑物。也就是说，该体育场兼具向外敞开的部分与对内封闭的部分。顺便一提，形态不同的两扇屋顶的组合，也被认为是酷似仙台的标志性人物伊达政宗所佩戴的头盔。

宫城体育场将自然的山丘与人工的建造物巧妙融合。罗马时代作为完全的人工建筑物在平地上建造了剧场及竞技场，希腊时代利用自然的坡地建造了露天剧场，而宫城体育场兼具这两者的特点。我们可以看到阿部在将地形与建筑融会贯通的同时，还追求几何学的造型。一般而言，设计会偏向仅仅追随环境的忠实性设计，或是无视周边环境而进行过激的形态的试验性设计。但是，阿部却非常简单地将两者调和在了一起。

作为媒体的建筑

对于"作为媒体的建筑"这一意识，我们可以从阿部最初期的项目中体会到。比如，他在美国南加州建筑学院就读时所做的Blob（1988）试验，该试验是以透明的塑料制皮膜包裹自己的身体，从而使自我领域得到扩张，融合到人工的第二皮膜中。B-Mask（1988）试验是将黑色的球体状装置戴在自己头上后行走在街道上。这些皆是关于身体的试验，旨在探索身体与环境之间的关系。其中，Blob的尝试还使人想起艺术家森万里子在涩谷及上海实施的透明的身体胶囊（Body capsule, 1995—1997）展示，相较于建筑，阿部的项目特点更近似于现代美术。此外，森万里子在梦想庙宇（Dream temple, 1999）中也制作了球体的冥想空间。当时阿部在美国工作时的蓝天组建筑设计事务所是解构主义建筑的代表，阿部及森万里子的这

白鹭桥 [摄影：热海俊一]

些作品可能也受到了蓝天组的影响。

　　但是，这并不意味着阿部的作品是解构主义的设计。其实，初期的蓝天组进行着的是类似于现代美术特征的激进活动。蓝天组的玫瑰园（Villa　Rosa，1968）是一个极为科幻的项目，具有沉入于精神世界的球体房间。他们基于古典主义建筑中的几何学与身体重合，将人体的自然比例应用到建筑丈量上的罗马工程师马可·维特鲁威那样的人类绘图，而提出了"空气膜人类（Pneumatic　man）"，也就是被扩张的身体皮膜式的空间。

　　20世纪60年代受到瞩目的英国建筑电讯学派（Archigram）也构想了将衣服扩张成住宅的项目及流动性的建筑。这种别具一格的实验性设计的精神为阿部所继承。他在FA-1（1995）装置中，对边长2米的立方体进行分解，使其如变形金刚般变为各种形态。在XXBOX（1993—1995）中，提出了如乐高积木般可以有多种组合的假设性的空间组合式系统。此外，具有呈波浪起伏的栏杆的白鹭桥（1994）和LandPack（1997）也是将通过可变的造型暂时静止设计而成的。

阿部阐释道："外侧的力与内侧的力相互冲撞时，向内及向外凸出的'褶皱'般空间成了别具匠心的设计，通过人的活动而不断变化形态的这一建筑形象不断地出现在脑海中。"[2] 他将变形的形态视为人类与环境之间的界面。阿部是1962年诞生的受亚文化影响的一代，除了他的激进主义建筑以外，他的作品还使人联想到动画《机动战士高达》系列中登场的机器人兵器，或是电影《异形2》（1986）中女主角雷普莉安装佩戴的作业机器。实际上，阿部自身也爱好这些充满科幻色彩的机器人动画或电影。

就像本节开头中所引用的那样，上野俊哉将科幻动画中的将身体扩张的机械师的装置称为"媒体套装"。阿部的建筑观也有许多与其重合的部分。在东京大学综合研究博物馆的"虚拟建筑"展（1997）中，他并未展示还没有实现的项目或是电脑画面上的建筑，而是提出了"COMCO 超网络通信工具"（COMCO, Hypernetwork Communication Tool）产品企划案。它除了具有通信及游戏的功能外，还具备增长性的特征，是一款可携带型装置，如同具有可动性的罗盘。它不同于以往意义上的建筑，但是作为先行案例，它跟预言了建筑的媒体化的建筑电讯学派的Manzac以及电气番茄（1969）也很相似。而今，像COMCO那样的手机或游戏已经实现。阿部的作为媒体套装的建筑，构想了新信息机器时代中的身体的可能性，并辟了建筑的新领域。

光与建筑重叠的虹色空间

日本盐釜菅野美术馆（2006）是一座将力的相互作用进行了建筑化的建筑。穿过车站附近的住宅区，可以看到斜坡上放置着一个棕红色的耐候抗腐蚀钢材长方体。该长方体的容积为10米×12米×10米，外观看上去很简单，但内部所展开的空间却是错综复杂的。它没有一层二层这样的概念，来访者一边体验连续的白色多面体房间，一边呈螺旋状向下走。它不是铺着地板，以墙壁分割房间那样的一般性建筑。阿部以八个类似肥皂泡般的单元结构填充空间。该美术馆展示业主的八件私人雕塑藏品，阿部从每件雕塑作品出发，使膨胀的空间相互冲撞，同时又通过相互的关系性，为每件雕塑作品打造出不同的专属空间。

多面体呈飘浮状态，常常使人突然迷失上下的方向性，堪称是一个无重力的空间。特别是看到没有展示品的空间照片时，建筑看起来如同模型，很难感知到其体积大小。实际上，该美术馆的特征在于空间形式与构造的完美统一，没有外表与内里之分。一些具有大胆形态的建筑有时会变

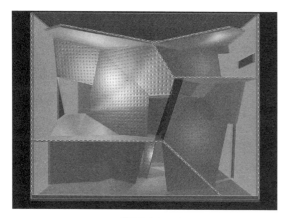

菅野美术馆（图解）[阿部仁史工作室提供]

得虚有其表，然而该建筑却不同，它全部是由焊接的铁板组合而成。实际尺寸大小的铁制模型原封不动地成了建筑。由此形成的建筑既排除了杂质性，又使新空间的模型不失强度。阿部不是通过柱与梁来组合建筑的，而是从包裹身体的空间这一理念出发来构想建筑的。在阿部的设计生涯中，菅野美术馆应该是他一个重要的巅峰之作。

2006年，菅野美术馆开馆，同年，阿部在此举办了展览会"阿部仁史展　RAINBOW"。虽说这是一场建筑家的展览会，但却没有设计图也没有模型，甚至没有呈三次元展开的装置。原来，阿部特意没有放置遮挡墙壁的设计图与占用空间的模型，取而代之的是导入了可有效体验原本空间的要素——光。由此，在美术馆的内部出现了七色相互干涉的空间。除设置七个灯具外，还安装了用于照射雕塑的聚光灯以及开口部的滤光器。光的所到之处超越了房间与房间之间的边界，有时还会绕到雕塑背后，使人感受到着色后的雕塑的虚拟体量。而且，不同的颜色相互混合，在两者之间呈现出微妙的色调，仿佛雕塑是由抽象的光粒子构成的。

本次展览并非是静态的展示，其中三个灯具通过自动控制调节光线，使之产生不同的明暗变化。而且，随着太阳的移动，光的方向与强度也时刻发生着变化。也就是说，通过光形成了蠕动着的另一个空间。该空间与实际存在的建筑空间相互重叠，如果不是置身其中是绝对体验不到的，也无法利用媒介进行再现。勒·柯布西耶以强烈的太阳光来突显建筑造型的手法广为人知，而对于阿部，更确切地说，他追求的是色彩相互渗透所带来的那种既绚丽多彩又耐人寻味的礼赞。当然，阿部的作品与哥特式大教堂的彩色玻璃、路易斯·巴拉干的建筑以及詹姆斯·特瑞尔那样的现代美术系统不无关联。不过，对介入到空间的光进行有效操作的这一手法，可能会作为阿部新的建筑设计主题而得到发展。从这层意义上看，可以说他的展览会是使来访者体验到其作品空间的一次尝试，同时也成了他向下一个作品迈进的阶梯。

对于建筑家来说，能够在自己设计的美术馆中举办自己的个人作品展览会是一次千载难逢的机会。然而，"阿部仁史展 RAINBOW"并未展示他的那些可移动模型，而是一个将建筑的性质发挥得淋漓尽致的展览会。其具体表现首先是白色的墙壁。之所以选用白色的墙壁是因为只有这种无花纹的场地，光才可以作为绘画颜料充分发挥作用。其次是浮雕加工的布置。从两端照入不同颜色的光线时，可借助浮雕加工使凹洞的部分呈现出两种颜色，如同在不佩戴3D眼镜的情况下就可看到的立体影像。另外还有光这一素材。它使空间膨胀并相互斗争，与菅野美术馆的设计理念产生共鸣，是基于在长方体的盒子中填充多个肥皂泡的盐釜菅野美术馆的形象设计而成的。换言之，这是致力于扩张的空间在相互冲撞中，通过相互的关系性，而生成各种多面体的房间。而该建筑中所营造的光也以灯具为起点，呈全方位展开，在与其他的光线冲撞的地方发生干涉作用。由此，通过建筑与光之间的相似性，可以说七色光就是另一个菅野美术馆。

包裹的空间

仙台市的定禅寺大道由于伊东丰雄的仙台媒体中心的登场而成了人们热议的地方。2005年在其斜对面加入了阿部设计的法国餐厅"青叶亭"。它没有外观，是将已有的大楼内部进行改造而成的。在横跨一层与二层的空间中将大型薄铁板弯曲插入，使墙壁与天花板等连接而成的室内空间成为蜿蜒起伏的风景。此外，在铁板上还开了几十万个小孔，使阳光从背后洒入。也就是说，深处其中的人并没有被裹入封闭的立面中。

如果仔细观察铁板，会发现隐约的榉树图像。这是将大道上的榉树照

青叶亭（图解）[阿部仁史工作室提供]

成相片，经电脑进行图像处理后，而制定出的铁板小孔的模型。从一定的场所可以透过小孔看到铁板与人影等相互重叠的景象，由此感受到更为深处的影像般的动感。而且，小孔组合的模型并未参照多棵榉树的图像，而是只反复使用了同一榉树的图像。通过将该榉树的图像错位使用，而导入了多样的室内风景。伊东丰雄的仙台媒体中心也具有与人行道树木相互配合的管筒状构筑物，而青叶亭是将榉树变换成了可包裹身体的影像式的屏幕。

在"间画廊"举办的阿部的"BODY"展（2005）中，在联合企划的建筑家会谈环节，一些建筑家充分地阐释了阿部的空间观。我们可以从中得知，会谈对象之一的藤森照信注重建筑的起源，追求垂直建造的柱子，而阿部则力图构建可包裹身体的皮膜般的空间。在阿部的毕业设计"URBAN CAVE"中，也将与外部断绝的内部空间放在优先位置进行构想[3]。而与

苓北町民会馆 [摄影：阿野太一]

此类似的青叶亭是一个既没有柱子也没有外观的改装项目，但或许正因如此，我们可以以它为起点来创造出更多其他类型的建筑。

阿部仁史作为日本东北大学的教授，为仙台市的建设做出了很多贡献，其后还站在了美国建筑系的顶端。他先是在国内大显身手，凭借苓北町民会馆这一作品获得了日本建筑学会作品奖，而后又活跃在国外建筑界的顶端，恐怕阿部还是日本首个有此经历的建筑家。他在2007年担任加州大学洛杉矶分校（UCLA）建筑与城市设计系主任，再次以海外为据点开始了活动，成了沟通海外与日本建筑界的重要桥梁。

译者注

(1) 安东孝一著《空间》，New House于2004年出版。

(2) 安东孝一著《NEW BLOOD》，六耀社于2001年出版。

(3) 五十岚太郎编《建筑师的毕业作品访谈》，彰国社于2005年出版。

手冢建筑研究所

直白的现代与建筑的强度

手绘的传播力

针对新竣工的住宅，通常会在周末举办开放参观的活动，而其相关的引导介绍来自参与设计的事务所。在这些引导介绍中，手冢建筑研究所送来的传真总是独一无二的。除了地址与地图外，他们还附加了以粗笔绘制的简单草图，这在当今的建筑家中是十分少见的。他们的草图并未经过照片或计算机图像的装点，而且由于是副本，画质会略显粗糙，可是即便如此，其用意却一目了然。当然，他们的作品本来就具有很明确的理念，同时这些简单的理念的传达方法也很明快。

手冢贵晴不依赖于电脑，仅以手中的力量来传达。通过铅笔呈现出的强劲的制图技术，也有赖于在武藏野工业大学（现东京都市大学）时的训练。其后他在代表英国的高科技建筑家理查德·罗杰斯的事务所工作时，也受到了器重，被称为是可以唤醒建筑透视图的"漫画家"[1]。2006年，在"间画廊"举办的手冢建筑研究所的个人作品展览会中，他在最初的房间中放置了空间广阔的"藤幼儿园"的巨大模型。这不仅是一个供人们俯瞰的模型，更是一个使人们更好地体会到孩子们充满生气的活动的空间。即使是在"间画廊"以往的展览中，像这样没有奇特的布局，而从正面给人以冲击力的展示品还寥寥无几。

手冢建筑研究所由手冢夫妇创设，手冢贵晴生于1964年，手冢由比生于1969年。像他们这样夫妇两人共同活动的日本同一代的建筑家，还有犬吠工作室的冢本由晴和贝岛桃代夫妇。此外，在海外也极具知名度的西泽立卫、阿部仁史、远藤秀平等人也跟他们一样是60年代出生的。他们是继20世纪50年代出生的妹岛和世和隈研吾之后的一代建筑家。

新陈代谢派的建筑家们在战败后乘着经济高速增长的浪潮，实现了自己的代表作。20世纪40年代出生的伊东丰雄及安藤忠雄等人也受到了80年代泡沫经济的恩惠，向公共设施及大型项目进军。到了犬吠工作室的时代，主要工程已经少之又少，犬吠工作室开始推进新事物的登场，提出了后泡沫时代战略。而与犬吠工作室同时代的手冢则以不随时代变迁的事物为志向，尽量避免时代性。相较于犬吠工作室以东京的特殊性作为自己的武器，手冢则是在深刻理解场所性的同时，以现代主义为基础，追求普遍性的建筑，制造出了可称之为"直白的现代"的给人以冲击力的空间。

手冢夫妇的出身与同代的建筑家略有不同。手冢贵晴的父亲在日本大型建筑公司"鹿岛建设"的设计部工作，手冢贵晴从年幼时就被环绕在建筑类的书籍中。据说他住在父亲设计的家中，让自己的迷你车在建筑模型中驰骋。在小学时他就喜欢建筑家皮特·切梅耶夫的专刊，直到看到已经破烂了还爱不释手。此外，令人惊讶的是，据说当时他的父亲由于工作的关系要描摹一幅皇居宫殿的图纸，还是孩子的手冢贵晴就连柱子的根数都清楚地记在了脑海中 (2)。另一方面，手冢由比的父亲也是日本建筑设计事务所"第一工房"的职员，手冢由比可谓是根深蒂固的建筑一族。

总是穿着蓝色衬衫的手冢贵晴与以红色为标志特征的手冢由比，即使在宴会会场也是光彩夺目的一对。两人的孩子们穿着黄色与绿色的衣服，时装的特点与他们的建筑一样鲜明可见。手冢夫妇还参加了介绍各领域一线人物的纪实节目《情热大陆》（2003年11月30日）与访谈节目《Top Runner》（2006年5月14日），不属于建筑界的普通百姓也由此认识了他们。实际上，即使与同代建筑家相比，他们还恒定地设计了许多住宅。

别有洞天的房间

下面，笔者想根据自己实际参观的作品，来论述手冢建筑研究所的设计特点。

笔者从伦敦回国后去了他们设计的日本副岛病院（1996），看到道路一侧的五彩缤纷，感觉到了理查德·罗杰斯的影响。道路的另一侧是病房，从床上可以望到街道的风景。此外，他们设计的镰仓山之家（1999）面向森林大幅敞开。自该建筑发表后，许多人十分认同他们的创作，不断有客户委托他们设计可以眺望到海与山的住宅。比如，腰越扩音器住宅（Megaphone House

镰仓山之家 [摄影：木田胜久／FOTOTECA]

2000）可以眺望到太平洋，屋顶之家（2001）从屋顶上方可以望到对面的山色，屋檐之家（2002）是为烹饪研究者设计的住宅，屋檐及檐下的平台向外延伸，最大处长达4米，一层是单间，登上二层，外部的风景会瞬间映入眼帘。锐角形的前端使人想起电影《泰坦尼克号》的甲板。特别是屋檐的存在再构了极具冲击力的风景。建筑不平整的平面，营造出了一幅不可思议的如透视图般的景象。

　　他们设计的屋顶之家，屋顶上不仅有桌椅，还配备了厨房和浴室，将屋顶作为了生活空间加以使用。一层的各个房间中设有天窗，可以利用梯子通过天窗上下。而且，应委托人的愿望，他们还制造出了屋顶上的用餐空间。该屋顶不是一般的平坦的"屋顶平台"，而是宽广略微倾斜的面，再次使人认识到了这终究是一个"屋顶"。此外，腰越扩音器住宅是一个

腰越扩音器住宅 [摄影：木田胜久／FOTOTECA]

屋顶之家 [摄影：木田胜久／FOTOTECA]

具有梯形平面的被放置在悬崖上的住宅。面向大海，在客厅设置了一个9米

×6米的大开口。即使不是建筑专家的外行人，仍可对其表达的信息一目

了然。如同在船上，海景映入窗内，还可享受到透过窗子反射的美景。通

过一个强烈的理念来决定形态，这一规则被充分地渗透到整体乃至细节之中。身处其中，你会重新理解何为真正的建筑性。

"捕捉天空的家2"（2002）与"自己专属的天空之家"（2006）由于选址条件的限制，不能获得呈水平方向开放的风景，于是选择了从天窗及宽敞的中庭眺望天空这一形式。如同詹姆斯·特瑞尔的艺术作品那样，白色框架的内侧随着时间会发生戏剧性的变化。而丰田L&F广岛本社（2003）是一家维修工厂，具有使空间看上去更宽敞的巨大拉门，使建筑全面敞开。

蛇与环

手冢不是危险的前卫派。他们表示，"一定要敢于坚持自己，不断地制作作品。"[3]欢成院大仓山观音会馆（2007）也是大规模舒展开来的建筑，它没有与佛教相关的宗教设施那样的气势，也没有将在住宅中尝试过的手法进行变形。在毕业设计展览等场所，笔者有机会看到了手冢建筑研究所的学生的作品，不愧是受到了师匠的真传，其中通过手绘，以直白的作品风格进行设计的趋势很强。

手冢建筑研究所最初设计的作品是医院，其后一段时间一直停留在住宅方面，后来又因设计大规模的公共设施而开拓了新的领域。森林学校"KYORORO"是在不限定公共事业的实际功绩与应征资格的设计竞赛中诞生的。竞赛的评委也不包括当地的领导，而仅仅由值得信赖的建筑家青木淳、妹岛和世以及小岛一浩担当。近年，竞赛设计的限制越来越严格，优秀的年轻建筑师很难在住宅设计上有新的突破。因此，挖掘培育这种新的才能的项目可以说是极为难得的。与结构师池田昌弘合作设计的森林学校"KYORORO"（2003）相对于他们以往的简单住宅，该建筑的造型看上去可能会略微复杂。全长160米，其中端部的34米变身为塔向上延伸。也可以这样理解这个如同大蛇满地打滚般的设计，即它在描摹过去存在的梯田中的田间小道的同时，将曾经设计的扩音器住宅的基本单位连成了一串。

造型如蛇的森林学校"KYORORO"如同神话中森林里闪现的怪物。耐候抗腐蚀的钢材就如同怪物的鳞片包裹着整个建筑。建筑的屋檐并未向外伸出，在侧腹处剜出了一个正门，给人一种可以由此进入到大蛇腹部中的感觉。钢制的外观呈现出颇具趣味的铁锈般的纹理，与周边的绿色风景融为一体，还飘荡着上古时代就已经存在的那种风格。而且，一到大雪时节，道路两侧便会耸立起雪墙，仿佛地层向上隆起。此时，蛇形的姿态消失不见，建筑整体变成了一艘潜入到雪国之中的潜水艇。透过有机玻璃大窗可以观察到积雪的断面，其极具魅力的画面仿佛是一幅充满浪漫主义色彩的绘画，甚而有种穿越了时空的感觉。

经著名设计师佐藤可士和的介绍，手冢夫妇与其共同设计了藤幼儿园（2007）。从立川站乘车约15分钟便可到达这所有着独特教育理念的幼儿

森林学校"KYORORO"[摄影：木田胜久／FOTOTECA]

藤幼儿园 [摄影：木田胜久／FOTOTECA]

园。这是一个由于园舍设施老化而开展的翻新项目。佐藤可士和将幼儿园建筑视为一个巨大的游乐道具，把幼儿园这个建筑空间本身作为了一个标志性品牌的设计对象。而手冢夫妇也因参与该幼儿园的设计于2008年获得了日本国内最具权威的日本建筑学会作品奖。在该建筑中，最引人注目的是其巨大的椭圆形，最独特的是可以全盘使用的屋顶。因此，天朗气清时孩子们可以在天空下学习，在天空下奔跑。手冢夫妇曾设计过可以在屋顶上聚餐、沐浴的住宅"屋顶之家"，我们可以将藤幼儿园理解为是屋顶之家的变形，是将屋顶之家那样的空间呈环状联结在了一起。只不过这次在屋顶上的不再是家人，而是500个幼儿园的小朋友在嬉戏。再加上椭圆形屋顶环绕下的中庭，建筑仿佛是一个聚落。从该幼儿园的规模来看，不禁使人联想到它是一个大型的设施，不过你只要身处其中，便会从其规模中感受到一种亲和力，因为这里是小朋友的空间，而不是大人的空间。

藤幼儿园的室内尽可能地减少了柱子的数量，近乎是一个无墙壁、无阻隔的空间。它也没有阻隔外部的墙壁，所有空间都是透明的，几乎可以一览无余。当建筑的玻璃窗全部打开时，便会充满了日本传统房屋那样的开放感。它像一个浮在半空中的椭圆形圆环，在具有强烈的空间形式性的同时，却又并未将建筑的存在感强加于人。参观时，笔者十分幸运地赶在了午餐之际，体验到了午休时的欢闹氛围。午休时间一到，孩子们从四面八方熙熙攘攘地涌入屋顶，开始毫无顾忌地自由玩耍。坐在幼儿园园长的椅子上，在广阔的全景立体画般的视野下，小朋友们的声音从左右闯入，天花板嘣嘣作响，传来奔跑在屋顶上的震动声。这种动态空间刺激了人的五感，这种体验使人深刻地感受到了建筑家注入该建筑之中的生命力。

译者注

(1) 五十岚太郎编《建筑师的毕业作品访谈2》，彰国社于2006年出版。

(2) 远藤秀平编《8人成了这样的建筑家》，学芸出版社于2007年出版。

(3) 手冢贵晴与手冢由比著《建筑目录》，TOTO于2006年出版。

远藤秀平

地球测量几何学

卷入内部与外部的建筑

2006年的春天，正值赏樱之季，笔者来到了大阪城公园。

在这个赏樱游客聚集的熙熙攘攘的公园里，半建筑网格结构极其自然地与周围的风景融为一体，半建筑网格结构分别是两座公厕与一座并设了咖啡室和公厕的设施。尽管这是新建不久的设施，但建筑上的铁锈所演绎出的气息却给人一种很久以前就已存在的感觉。平缓弯曲的屋顶如同是吊在许多树木上的大型钢铁吊床。白色的长方体立面与红褐色的钢板形成鲜明对比，透过建筑内部的缝隙还可看到大阪城的白色墙壁，建筑与外部景观配合协调，相得益彰。许多人排列等候的公厕与咖啡店皆是很少受功能主义制约的设施，而是将设计师的理念淋漓尽致地表达在了形态上。与米原圆形停车场（1994）以及无人车站大关中转站（1996）一样，三座公厕将如何覆盖空间这一最根本性的建筑行为直白地表达了出来。

一直以来，远藤秀平运用波状钢板打造了一系列作品，开辟了建筑的新领域。远藤秀平是20世纪60年代出生的建筑家，从福井工业大学毕业后，进入到京都市立艺术大学继续学习，其后在石井修建筑事务所工作，两年后创建了个人的建筑事务所。也就是说，他并非是我们之前介绍的那

弹性筑 [远藤秀平建筑研究所提供]

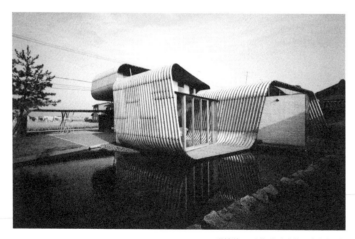

弹性筑B [远藤秀平建筑研究所提供]

些出身于东京大学或东京工业大学的建筑家，但他却凭借对波状钢板的极致运用而呈现出了令人印象深刻的造型，受到了海外的广泛关注。出自他之手的如同卷曲的丝带般的弹性筑（Springtecture 1998）是许多媒体争相报道的对象，远藤秀平本人也表示这是"世界最有名的公厕"。

当然，远藤并非是最早将原本用于土木工程中的波状钢板引入到住宅建筑之中的人。更早地将相同素材应用到住宅中的建筑还有生于1913年的川合健二设计的自宅（1966）以及生于1944年的石山修武设计的幻庵（1975）。在此，笔者想将这些作品与远藤在其家乡建造的弹性筑B（Springtecture Biwa 2002）进行比较，从而更加明确地将远藤的设计特点展现给大家。它们皆是以迂回卷曲的波状钢板来构筑出连续性的屋顶、墙壁以及地面。将这些在日本现代建筑历史上广为人知的作品放在一起加以比较，或许我们可以用古典主义样式的演进与平行来阐释。也就是说，可以将它们分别阐释为作为文艺复兴时期的川合健二的自宅、作为风格主义的石山修武的幻庵以及作为巴洛克式的远藤的建筑。

为什么这样说呢？与其说川合健二是执着于美的建筑家，不如说他更像是理查德·巴克敏斯特·富勒那样的工程师，利用工业素材创造出了建筑的新形式。这种封闭的完结形态使人联想到以技术来革新建筑的菲利波·布鲁内列斯基。笔者曾拜访过川合健二的自宅，目睹了周围散乱放置

幻庵 [作者摄影]

川合健二自宅 [作者摄影]

的被抽出了发动机的废车，至今仍记忆犹新。原来是川合健二在以工程师的身份研究机械装置，当然，他本人也表示自己其实对开车并无兴趣。顺便一提，远藤从孩童时代就喜欢手工制作一些东西，他收集汽车的样本，并徒手绘制草图 [1]。而远藤首次得知可以将波状钢板作为建筑素材加以使用，还是始于他的大学时代，那时他在建筑杂志上看到了有关石山修武与川合健二的作品介绍。

此外，石山修武的幻庵在继承了川合健二自宅的相同形式的同时，还凭借令人惊讶的极具密度的装饰细节，营造出了充裕的空间。它类似于日本的田园式住宅"数寄屋"，也近似于核战争后的避难所，充满着终结的感觉。而远藤的弹性筑创造了封闭的波状钢板环，在大幅波动的同时，将内部与外部的空间一同卷入。激烈的凹凸所呈现出的内部与外部的相互贯穿可谓是巴洛克式的特征。虽说如此，巴洛克终究是在平面层面上的设计，而远藤的作品却在立面或断面层面展开空间，由此将建筑与环境融合得极具冲击性。他发明了新的空间形式，并且并无隐晦，而是将其明快地表达出来。因此，他设计的造型总是让人一见难忘。

后第二机械时代的微妙曲线

在远藤的建筑中，屋顶的设计极具特点。由于日照、降水等气候因素很大程度地影响着各地区的屋顶造型，所以屋顶最初总是被视为是地域性的一个标志。特别是在亚洲那样的木造建筑圈，屋顶的造型应该是最为显著的外观要素。正因如此追求国际化样式的现代派排除了屋顶这一图标。日本的现代主义建筑也消除了传统建筑中极具特色的屋顶线条，而更倾向于平坦的屋顶。他们用如同是另一面地板的水平屋顶来代替倾斜屋顶。而远藤却重新唤醒了屋顶，他没有像菲利普·约翰逊以及石井和纮等后现代派一样，将传统的屋顶形式作为一种记号直接引用，而是以屋顶为思考轴线，重构了其与墙壁等其他部分的关系。

Halftecture大阪城大手前（2005）、Halftecture大阪城城南（2005）、Halftecture大阪城休息室（2006）均具有独特的屋顶设计，既继承了远藤以往的设计特点，又在他作品的谱系中创造出了新的思考轴线。

Halftecture大阪城大手前 [远藤秀平建筑研究所提供]

　　18世纪的画家威廉·霍加斯对各种线进行了分类。他表示，直线的不同仅表现在长度上，曲线的不同除了与长度有关，还与曲率有关，波状线像植物一样拥有拐点，螺旋线像蛇的身体那样呈现出圆锥状的螺旋式运动。远藤尤为喜欢使用复杂的波状线和螺旋线，认为它们是高级的美学线条。虽然这与建筑理论没有直接关联，然而对照远藤的作品来看，可知这些线皆被综合地应用到了他的建筑之中。比如Healtecture小森（1996）是根据不同半径的圆创造出了几个曲率，并将其组合进而创造出拐点。立岩二郎在其著作《凹凸——日本建筑的曲线》（2000）中，将具有流畅连接凹凸反转曲面的"凹凸屋顶"视为是日本建筑的特征，它意味着混沌中的条理性，意味着给周边环境带来生气，意味着将不同性质的东西相互联结，也意味着无边界化的产生。弹性筑是远藤呈螺旋状展开的一个作品，而在大阪城公园项目中他借助不同的理论将微妙的曲线应用其中，利用重力引导形成线条。

建筑评论家雷纳·班纳姆针对20世纪上半叶的第一机械时代的汽车及电影的设计，提出"几何学式的单纯设计成就了廉价的大规模生产"[2]。如未来派的意大利诗人菲利波·托马索·马里奈缔在《几何学式、机械式的惊异宣言》中，预言新时代将由单纯的几何学来支配，他表示"事务所是正方形的，桌子是四角立体的，其上面放置的东西也都是直角的"。勒·柯布西耶也将立方体、圆锥、球体、圆柱、棱锥等作为可突出光与影的原始形态加以推崇。前面提到的川合健二自宅也是彻底追求时代几何学形态的建筑。雷纳·班纳姆表示，20世纪下半叶的第二机械时代的代表性物品有电视机、吸尘器等小型家用电器以及合成的化学制品。此外，除了强烈的几何学外，建筑的装饰及地域性等要素也受到了关注。如果说当时的第二机械时代是后现代主义的时代，那么进入21世纪，也可以说是进入了第三机械时代。当然，"机械"这一词语可能已经无法表达这一时代的特征了，或许我们也可以称这一时代是以计算机及基因操作为代表的后第二机械时代或信息化时代，以往的几何学形态也在发生着变革。

远藤设计的米原幼儿园（2003）是由木造圆顶构成的空间，然而，连接这些圆顶的接缝却各不相同，利用计算机控制的加工技术实现了284处形状各不相同的接缝。在机械的时代，人们追求相同部分的反复出现，过去的几何学赋予了建筑明快的秩序。然而，现在计算机的性能在飞跃提高，使复杂的构造计算成为可能，带来了生产上的变化。大阪城公园中的几个项目不同于远藤以往作品中出现过的各种圆及直线等组合形态，而是几何学定义中的造型在自重作用下发生弯曲并产生变化。这些项目中的曲线并非是通过将大小各异的圆进行部分连接而实现的。换言之，它决然不同于古典主义时代理论上的圆、正方形或是圆形齿轮、圆筒等被视为功能主义造型的机械几何学，而是远藤追求新几何学建筑的产物。

承担素材与重力的几何学

对大地或地球（GEO）的测量（METRY）是几何学（GEOMETRY）的最初释义。

这样想来，远藤的几个大阪城项目中就蕴含了对地球进行测量的几何学。重力就是在物体与地球之间产生的引力关系。该理论在Halftecture大阪城大手前项目中表现得尤为明显，但该项目中的曲线并非是通过施加人工力量而实现的，其造型反映出的是大型钢板与地球重量之间的相互关系。顺便一提，法国建筑家布雷为纪念发现万有引力的牛顿而设计的牛顿纪念堂项目就是以地球为意象的球体建筑。在Halftecture大阪城休息室中也并未与重力相抗争，而是像柔道那样自然地接纳重力作用，对微微弯曲的形态给予积极肯定，通过倾斜的构造更好地对雨水进行了处理。

Halftecture大阪城大手前并未因重视屋顶的地域性表达而被特定的场所所束缚。该建筑的形态是以地球中的存在为先决条件进行设计的，当然由于自转而产生的离心力也在发挥着作用，从而导致纬度会出现微妙的偏差。反而言之，如果以其他行星为参照，所产生的曲线可能会截然不同。

借助重力而产生变形的想法曾更早地被建筑家石上纯也应用到了"用于餐厅的餐桌"（2003）的设计之中。他针对结构预先进行了挠度计算，从而利用其自身重量将桌面调整得更加平缓。在笔者企划的展览会上展出的石上纯也设计的另一个作品"TABLE"（2005）看上去仿佛是在摇曳着的不带重力感的空间中有一大扇具有轻薄质感的桌面在浮游着。也就是说石上纯也在充分利用重力作用的同时，却又呈现出了否定重力存在般的空间。从这层意义上来看，可以说这是现代主义在追求轻盈建筑上的一种延伸。勒·柯布西耶设计的带有底层架空柱的萨伏伊别墅也具有浮游在空中般的形象。哥特式大教堂也是厚重的石造建筑，但却没有给人以厚重感，呈现出的是一个非物质化的空间。消除建筑的重量感是许多建筑家们的终极梦想。而远藤的作品却特意借助重力作用，表现出一种大地拖动着的感觉。

作为由自然的重力所引导出的形态，悬链线也很有名。悬链线是指两端固定的一条均匀、柔软的链条，在重力的作用下所具有的曲线形状。17世纪已有数学家提出了倒挂的悬链线，即在力学上具有稳定性的拱形形态。建筑大师高迪也因将这些理念应用到了构造设计中而广为人知。悬链线是近代几何学发展中的一个重要存在。只是在远藤设计的项目中，并未强调将悬链线上下反转来抵抗重力。

可以说，远藤的作品近似于日本物派艺术家吉田克朗的作品"Cut-off No.2"（1969）。"Cut-off No.2"是在放平的粗方木上放置4块铁板，由于厚度各不相同而产生不同的弯曲状态。这是由铁这一材质的重力而引导的造型。但与此同时，它又像西班牙画家萨尔瓦多·达利所绘画的溶化的时钟，还伴随着非物质化的倾向。石上纯也设计的"TABLE"也在充分利用素材特性的同时，通过粘贴薄板而营造出了轻盈感的空间。因此，可以说远藤的大阪城公园项目除了强调铁的特质，还利用地球万有引力对建筑进行变形，这两个主要因素承担了其作品中的最大亮点。

阿斯利漂浮船屋项目 ［远藤秀平建筑研究所提供］

连接现代主义与另一种现代主义的船

远藤秀平曾对勒·柯布西耶的项目起到过推动作用 [3]。

在巴黎的塞纳河上曾停泊着一艘建于1915年的运送煤炭的旧船。1929年，教会"救世军"慈善组织收购了这艘船，并委托勒·柯布西耶对它重新进行设计，将其改装成了名为"路易斯·凯瑟琳号（阿斯利漂浮船屋）"的收容所。这是20世纪的现代主义巨匠勒·柯布西耶留在巴黎的一座鲜为人知的建筑。其后，经过1950年与1980年的改建，仍作为无家可归者的避难收容所继续使用，但1994年由于安全上的问题而被停止使用。然而迎来21世纪，建设工程再次启动，人们希望对这艘历史悠久的船进行修复加固的同时，将其作为文化交流场所而赋予文化功能，为这艘船注入新的生命。远藤秀平也受邀参与到了该项目中，加盖了可包裹阿斯利漂浮船屋的围护结构。

这个漂浮的避难所从原来的全长约70米、宽8米的长平底船，被改修为集约150个简易床、食堂、厨房、浴室、工作人员的单间以及屋顶平台等设施于一体的集体宿舍。翻看当时的照片可知，在船内两侧沿着两排柱子设有双层床，上部安装了长方形的采光窗。其实该项目是期望可以在寒冷的冬天成为流浪者的避难所，在炎热的夏天成为穷小孩的游乐场。勒·柯布西耶将客船视为近代建筑的模型。船就像是一个兼具居住空间、娱乐室、食堂、运动设施等的小型街区。客舱是将功能性降到最低的住居，是移动的旅馆。实际上，勒·柯布西耶的《走向新建筑》（1923）的封面就使用了一张客船甲板的照片。现代主义陆地上的建筑有时也会模仿船上的圆窗设计，而与此相反，船又以陆地上的建筑为理想形态，在设计上回避圆窗，转而追求矩形窗。可见，船与建筑对彼此是相互憧憬着的。可以说，阿斯利漂浮船屋是船与建筑二者相融合的产物。

在勒·柯布西耶诞生73年后出生的远藤秀平，承接了在阿斯利漂浮船屋的周围包裹铝板的维护项目。勒·柯布西耶与日本颇具渊源，东京国立西洋美术馆就是由他设计的。而且，勒·柯布西耶的工作室还孕育出了一批优秀的建筑家，比如在威尼斯双年展中设计过日本馆的吉阪隆正以及前川国男等皆是勒·柯布西耶的弟子。然而，像在巴黎这样，日本建筑家直接参与勒·柯布西耶的相关项目还是前所未有的。可以说，这是超越国籍的全球化的一种表现。勒·柯布西耶改造了船内装饰，而远藤改变了船的外观，将设计由直角几何学引入到了曲线的新几何学。远藤既没有追随勒·柯布西耶，也没有模仿勒·柯布西耶，如同过去那个挑战巴黎国立高等美术学院的古老习俗的勒·柯布西耶，他以自己独特的手法诠释了21世纪的建筑原理。

勒·柯布西耶所展示的近代建筑的五个原理包含了水平的屋顶庭园。而远藤是善于建造另一种屋顶的建筑家。而且，他并不是对过去的建筑采取复活手段，而是在进行独具特色的屋顶设计的同时，还对墙壁和地板等构成要素进行了重新定义，可以说这是远藤对由柱与板构成的勒·柯布西耶的近代建筑模型多米诺进行解体，而摸索其他建筑姿态的一种尝试。远藤称这种行为为"另一种现代主义"。这与批判现代主义的后现代主义，也就是形态上的修辞式操作、对符号论的热衷、地域性及历史性的重新引入等不同。"另一种现代主义"就是站在现代主义的延长线上，在几何学层面逆流而上，从根源上重组建筑形式。它使被压抑的现代主义获得了多种可能性。当然，勒·柯布西耶在后期也大胆使用曲线，如同其设计的朗香教堂（1955），或许他自己也倾向了另一种现代主义。如果是这样，阿斯利漂浮船屋可能是杂技般地继承了勒·柯布西耶所中断的方向性。破旧的船作为连接法国与日本、过去与未来、或现代主义与"另一种现代主义"的船而得到了重生。

另一种现代建筑

远藤为了探索现代主义的其他可能性，而提出了"另一种现代主义"这一概念。笔者在2004年企划了TN Probe出版社举办的一系列研讨会，当时邀请了伊东丰雄、青木淳、西泽立卫以及藤本壮介共同探讨了"另一种现代"这一概念来作为现代建筑的重要动向，果然与"另一种现代主义"在很大程度上是相互重叠的。因此，笔者以远藤秀平和下一章介绍的藤本壮介为焦点，在大阪麒麟（KIRIN PLAZA）大厦中企划了"新几何学的建筑——以另一个现代主义为目标"展（2006）。

建筑就是借助几何学的形式来赋予空间以秩序的一种艺术。20世纪的现代主义在依赖于抽象的形式性的同时，将直线与直角、网格与平行布局作为主要方法，将建筑收敛成一个箱型大楼。但是，在后第二机械时代，由于计算机的导入，新几何学建筑在不断增加。比如，在20世纪90年代的虚拟建筑中兴盛的柔软设计，在曾经的表现主义等具有多样化的近代建筑运动中也有所尝试。然而，它也被主流的国际样式所抑制。因此，"另一种现代"是对另一种定型化的现代主义的外部进行重新导入。然而近代的形式主义并不能发现所有的可能性。从这种意义上看，可以说可能出现的现代主义是将现代主义从内部咬破的。远藤就是这类建筑家中的一个。

译者注

(1) 远藤秀平编《8人成了这样的建筑家》，学芸出版社于2007年出版社。

(2) 雷纳·班纳姆著、石原达二与增成隆士译《第一机械时代的理论与设计》，鹿岛出版会于1976年出版。

(3) 引自"船→建筑 勒·柯布西耶所追求的事物"展，日本邮船历史博物馆于2010年12月4日—2011年4月3日举办。

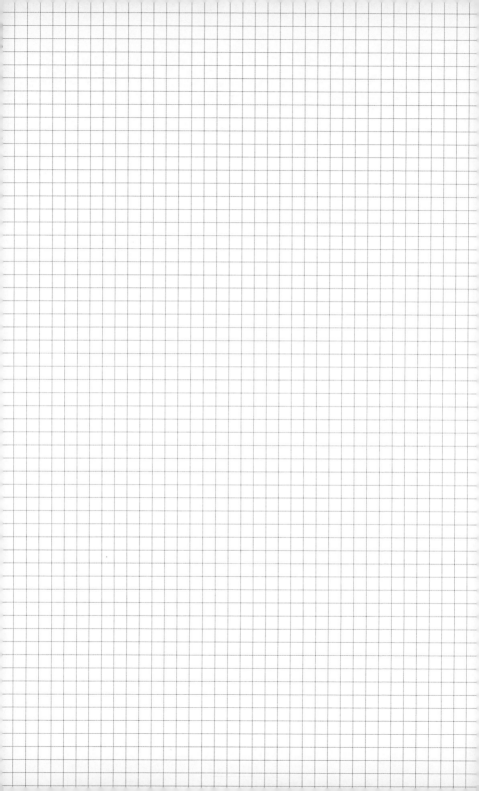

第五章 全球化还是加拉帕戈斯化

1970—1979年生

藤本壮介

走向新几何学

最后的建筑家

藤本壮介作为"最后的建筑家"登场了。

在《建筑文化》2003年8月号（彰国社）特辑《U-35的可能性》中，也就是在为配合35岁以下的年轻建筑家的活动而举办的研讨会中，使用了这个词语。继运用计算机以信息环境为领域的三名年轻建筑家、两名结构师、组织设计事务所的专题小组讨论发言者之后，最后轮到藤本了。下一代的建筑家早已闯入了与以往的设计截然不同的世界。当会场出现这种氛围时，他开始被称为"最后的建筑家"。在受到过建筑方面教育的那些人开始关注建筑外部时，他却反而对建筑本身十分执着。迎来新世纪，一切都面临未知，奋勇向前时，藤本直面建筑的根源，去探索从久远的过去就源远流长的最古老的建筑技术。当然，这并非是单纯地回归过去。

翻看收集了各种建筑图解的著名的《藤本蔓藤罗》，无论是设计者不详的角斗场与法隆寺，还是路德维希·密斯·凡德罗的新国立美术馆计划，都可以从中窥见藤本超越时空的历史意识。当然，他并没有引用后现代主义的过去的符号。在抽象化的形式层面，过去与现代是并列出现在他的作品中的。实际上，由于藤本的建筑设计不过度依赖于最新技术，所以他的设计即使存在于过去的时空里也不会显得违和。安中环境艺术论坛上的竞赛方案（2003）中那种绵软的轮廓是崭新的，以墙面的构成为主轴的部分飘荡着砖石结构般的形象。当然，如果加盖屋顶，可能需要应用现代技术，然而作为墙面结构，他设计的空间形式甚至可以存在于两千年前。T住宅（T House，2006）也是一座由呈放射状延展开来的薄木墙面所构成的平房，只要有创意，在木造的文化圈中可能就可以构想出近代以前那样的设计。

20世纪90年代后期，犬吠工作室及橘子组等由多个建筑家组成团队的被称为Unit的一代建筑家开始崭露头角。生于20世纪60年代的他们通过观察都市，从各种状况和外在条件中演绎出了具有日常性感觉的建筑。这种设计态度源自他们对于泡沫经济时代所流行的自我意识过强的后现代主义的排斥。Unit派不喜好将自己定义为英雄式的建筑家，也不偏好强烈虚构性的形态操作。然而，藤本却直接将路易斯·康及勒·柯布西耶等巨匠的设计思想收入囊中。包括藤本在内的石上纯也、平田晃久等生于20世纪70年代的建筑家都具有浓重的个人色彩。相较于在对周围的建筑用地条件进行阐释后再组建建筑的手法，他们更期望可以直接抓住新的建筑原理本身。此外，他们还对光的观察角度以及多人存在时的关系性等那些在固有场所发生的现象经验抱有极大的兴趣。藤本是引领了继Unit派后的一代建筑家的发展动向的最重要的建筑家。生于1971年的藤本从东京大学毕业后，并没有进入到特定的事务所进行学习，而是直接独立创办了自己的事务所，这在建筑家的职业生涯中是非常罕见的。其后不久，他回到了家乡北海道，2000年在青森县立美术馆的设计竞赛中获得第二名，并因此而一举成名。

存在于现代的原始小屋

2008年藤本提出了两个可谓是新时代住宅原型的建筑。这两个建筑诞生于熊本艺术城邦计划的竞赛与东京燃气公司的SUMIKA项目。此外，赢得2007年度的JIA日本建筑大奖的情绪障碍儿童短期治疗中心（2006）也为人们提供了新的居住形式。顺便一提，日本建筑大奖是建筑界的一大盛事，在建筑界，30多岁的中坚力量也可以获得新人奖。

始于1988年的熊本艺术城邦计划不断向人们展现着熊本县杰出的现代建筑，并引起了世界的关注。2005年和2007年举办的"下一代MOKUBAN"竞赛对于年轻建筑家的培育与发掘也具有重大作用。

它是以球磨村森林工会提供木材，当地的土木工程公司进行建设为前提，在球磨村森林工会度假村小屋内进行设计。藤本就是首届获胜者。以"最后的木屋（Final Wooden House）"命名的小屋旨在创建一个终极木造建筑。其空间是由191根断面直径35厘米的杉木根根层压而成。一般的木造建筑会建造柱子，在上面搭建梁，墙体骨架的构造十分鲜明。但该建筑

最后的木屋 [作者摄影]

却以砖石结构那样的建造方式来利用木材。"校仓造"结构是将木材不断叠加来构筑墙体的。这种构筑手法不仅见于"最后的木屋"的外部，还存在于内部空间。从总体上看，该建筑是一个边长为4米的立方体，这样不大的建筑却在视觉上凸显了木材绝对的体量感。就连门把手也是采用断面直径35厘米的木材而打造。

实际上，室内给人的印象就是从大的木块中削取空间而成的。夹着河流，在场地的对面，有一个球泉洞，而木屋就是木洞窟，抑或说是一幅由木材构建的风景画。因此，以垂直的墙壁及水平的地板去间隔房间的概念被否定了。35厘米的等级差也可以被当作凳子或桌子使用。藤本曾在

N-HOUSE（2001）项目中，将由35厘米螺距的等级差构成的既无柱也无壁的平面进行聚合，由此构成了新的建筑模型，代替了勒·柯布西耶的多米诺体系。木屋继承了这种建筑特点的同时，在空间上给人更多的体量感。偶尔或攀登，或匍匐，或向上。这种野生空间会唤醒人类最初的身体本能。

宇都宫市的SUMIKA项目是东京煤气委托给伊东丰雄的建造项目。在该项目中，他让自己信赖的藤森照信、西泽大良和藤本壮介进行住宅项目设计。当时，伊东突出了"原始的生活"这一关键词，力图去探寻一种新的住宅方式，即住宅不埋没在都市的均质生活中，旨在使人感受自然的同时，唤醒其动物式的本能。融入自然的四根柱子如同树木向周边延展出的许多枝干，其构造近似于复杂的几何学模型。通过有效利用计算机而成的设计，对木材下部的空间进行了现代化的诠释。藤森负责煤屋（Coal House），其外观如同出自童话般独一无二，绽开的大开口所构成的洞窟与通过篝火所营造出的周边生活氛围更是该建筑的独特之处。

藤本的宅前住宅（House before House）在SUMIKA项目中是最具视觉冲击的建筑。它是一个镶嵌在场地上的"白色盒子"，如同积木般的各个房间通过室外阶梯相互联结。在二层与三层还种有树木，营造出了屋顶绿化的效果。乍一看，它并不是一座住宅，更像是一座娱乐设施与家合为

宅前住宅 [作者摄影]

一体的结构。实际上，在参观会上，许多来访者都因其不可思议的空间体验而洋溢出了喜悦的神情。到达顶部，如同是攀登了一座小山。在为配合着都市生活而被制度化的住宅完成以前，我们不是就过着这种原始的生活吗？

接下来，让我们一起看看生活中的家。北海道伊达市的儿童情绪障碍短期治疗中心是为内心有伤痕的孩子提供共同的生活环境并使其恢复健康

情绪障碍儿童短期治疗中心 [作者摄影]

的设施。该建筑的空间排列极有特点，就像是将24个筛子摇掷后所自然呈
现出的结果。乍一看，该建筑是多个正方形的无序排列，实则这些排列位
置都是经过精密布置的。设计者将每6～7个"白色盒子"进行统一梳理，
在中心处设置了公共空间，给人一种聚落般的空间感。其营造出的共同生
活空间既不是以往的大宿舍，也不是小房间，而是有效利用了二者的优
势，将50个孩子分为了三组。他还将面向许多"盒子"的一个房间作为管

东京公寓 [作者摄影]

理室，特意避免了对孩子进行明显的监视，而是使工作人员在相对隐蔽的场所去关注孩子。

看似偶然，但藤本周密地设计了建筑之间的关系性，营造出了多样的氛围，由此发明出了新的几何学形式。该建筑具有无数个中心，它不是从整体上去进行规划的，也不是从一个中心出发去决定周边的，而是对每个盒子之间的位置进行测定，来确定相互之间的关系，就像飞在天空中的鸟群。此外，该设施建造在小山之上，伫立在海与山皆可收入眼底的美景之中。在同一场地，藤本还建造了家庭疗法楼、体育馆、伊达支援宿舍等其他设施，在北海道的大地上展开了如原始社会公社般的梦想世界。

哥伦布的鸡蛋——超"家型"建筑

至今，我仍无法忘记第一次看到东京公寓模型时内心所受到的冲击。那风景使人茫然，难以置信还有这种将大小各异的房型凌乱堆积起来的建筑。2006年笔者访问了法国奥尔良，见到了Archi-Lab设计事务所的日本建筑展"都市中的巢"中展出的木制模型。即使与该展览中介绍的其他作品相比，该作品也是卓尔不群的。其造型设计只要你见过一次，就不会忘记。当然，难以忘怀的还有由房型堆积而成的赫尔佐格和德梅隆双人建筑组合的VITRA项目及五十岚淳的丰田市生涯学习中心逢妻交流馆的竞赛方案等。然而，藤本直截了当地将房型堆积成了集合住宅。也就是说，他的建筑在利用了家型的同时，又超越了家型。

坦白地说，在建筑展的会场上，他的作品不免使人立刻怀疑其实现的可能性，不禁想问他是否真的要将该建筑付诸实践。实际上，我们曾一起担任创意竞赛的评审，那时他特意选择了看似玩笑的荒唐方案，给我留下了很深的印象。东京公寓就是他的一个令人瞠目结舌又引人发笑的稀有建筑。

如同后现代建筑家那样，不需要参照解构主义哲学与前卫派艺术。而是通过近乎可怕的简单操作，家型这一司空见惯的形象以全然不同的姿态得以重振。这个崭新的发现一经提出，就引起了人们的共鸣。藤本所带来的惊喜使人不禁想到了"哥伦布的鸡蛋"。类似的故事还有广为人知的文艺复兴时期建筑家菲利波·布鲁内列斯基。他们皆具有天才独具的光芒，成了"第一个吃西红柿的人"。

其后，藤本的这一设计确实有一段时间在实践上进展困难，但带着委托人的热切期望，2010年东京公寓得以竣工。然而，这一灵机一动的项目并没有就此终结，实际竣工的建筑也引起了人们的关注。该建筑的实施方案与在Archi-Lab所展示的初期方案相比，场地削减近半。这是源于建筑用地及资金方面的问题，受此影响，家型的数量也近乎减半。尽管如此，东京公寓是以家型为单位的新陈代谢派式的建筑，从最初就具有既可增殖又可削减的设计体系。在建筑规模缩小的情况下，要想突显设计理念就需要确保充足的单位数量，只要做好这些，将家进行堆积这一方案的本质，也就是项目的同一性丝毫不会受损。此外，可以勾起人们想象力的外部阶梯与通往屋顶的阶梯都在该建筑中得以实现。凝神远眺，街道上的同类单位似乎在呈现出增长的趋势。

从小竹向原站下车，体验完周边住宅区的环境后，到达立于拐角处的东京公寓，却意外地没有违和感。仅关注建筑部分的模型时，主题式的造型十分引人注目。然而，被对面的木造公寓及公园，或者屋顶平庸的住宅所环绕时，竟会有一种难以置信的和谐感。这是因为每个家型单位的尺寸都与住宅区的体量感相得益彰。西泽立卫的森山住宅也呈水平方向散布着各式各样的六面体，然而即使进行纵向堆积的调整，具有效用的终归还是家型才会呈现出的独有设计。即便如此，在当地，值得赞美的是凌乱的东京，特别是与有电线杆和电线的风景相称的建筑。几乎所有的建筑家设计的现代建筑，都厌恶这种要素。然而，藤本的建筑却十分慷慨地带着笑容容许了这些要素的存在。

乍看上去，这一建筑构成并不严格紧凑，而是给人一种随机配置的感觉。这就是"东京"式的建筑。进入室内，包括天窗在内，各个方向都设置了各种小开口。然而，偶尔会穿插着柱子或支撑结构，影响视线。一般的建筑家偏好制造大开口来展示美丽的景观，然而藤本的目的却有所不同。在偶然被剪取的开口中，有意使柱子或支撑结构介入眼前，外部各种各样的街道及隔壁房屋的墙壁相重合，展现了东京式的别样风景。从家型与家型之间，隐约看到外部也是一种乐趣。比如武藏野美术大学的新图书馆（2010）在开口处的外观与重叠就成为设计时十分注重的一大主题。另外，在室内针对与水有关的场所，以玻璃进行间隔也是一大特征。这是设计委托人的提议，然而即使是在建筑内部，也有效地发挥着其设计功能，

并没有瓦解家型所具有的体量感。宅前住宅位于宇都宫，与周边的风景几乎不具有关系性。每一处空间都仿佛是人类对原始本能的一种回归，都使人情绪高扬。特别是后者，借助家型设计，可以给予我们攀登到屋顶之上的那种精神上的快乐。

家型与单纯的立方体相比，具有幅面与屋脊，强调各个单位的不同方向。现代主义拒绝否定传统建筑所具有的家型。而且，后现代建筑以罗伯特·文丘里为首对家型进行了重新发现。进入21世纪，发起了家型建筑的第二次复权。后现代将家型视为记号或是过去的一种象征，然而进入21世纪，便不再单纯地作为形态存在，而是将其应用在制造独立空间与固有现象上。在这之前，藤本也以不同的手法运用着家型。比如，在北海道将三角屋顶与一面坡的单位进行组合，从而构建出具有多样轮廓的伊达支援宿舍（2003），还有使屋顶呈阶梯状倾斜变化的促进自立设施（2003）以及以错位的墙壁将连续的房型与平面进行分节的家庭疗法楼（2006）等。东京公寓利用了家型的排列方式来调整距离感，力图打造一个既包含现代化又可传达东京式特点的建筑。该建筑不依赖于屋顶的倾斜与素材，家型本身就是白色的，具有抽象色彩。通过家型的配置与构成规则，展现了周边的地域性，对"东京"这一环境进行了进一步的空间诠释。家型集古老与崭新于一身，极大地拓展了建筑的可能性。

无直角的几何学

藤本在国内外虽受到了极大关注，但以前在东京却没有作品。然而，2010年却是藤本丰收的一年，东京公寓和武藏野美术大学新图书馆得以竣工。此外，他还在和多利美术馆举办了个人作品展。图书馆的玻璃幕墙映射出周围的树木，与风景融为一体，使人联想到法国多米尼克·佩罗及让·努维尔设计的透明性极高的建筑形式。其最大特点是独特的构成方式，从地面延续到天花板的巨大墙壁式书架呈非直角式弯曲，如旋涡般绵延到外部空间。追本溯源，藤本的这一个构想似乎是来自豪尔赫·路易斯·博尔赫斯的短篇小说《巴别图书馆》中所描绘的几何学式的书本迷宫，旨在将其空间打造为一个书之森林。旋涡状的建筑造型在膨胀的同时，还具有可延展性，这也是对学无止境的一种诠释。

在该建筑中，书架虽被充当大型墙壁，但丝毫不具闭锁性。通过断断续续的矩形开口使之相互重叠，将贯穿于内部与内部或外部与内部的视线引向各个方向。类似的手法还曾在N住宅（House N 2008）及十和田市现代美术馆竞赛方案中有所尝试，但在该建筑中的规模被进一步扩大。N住宅位于日本大分市，是藤本的得意佳作，它具有三层嵌套墙体，每个墙体都分布着许多窗口。而十和田市现代美术馆竞赛方案是将多个门型框架绵延展开而成。该图书馆在约二层的位置，分叉的T台与墙壁式书架的开口相互缠绕，给人带来有趣的空间体验。同时，在螺旋形的中心部分还设置了陈列台，从这里呈放射状配布着各类书籍。颇具趣味的是，藤本与设计家佐藤卓共同将标识系统导入在该建筑中，以便其更好地发挥图书馆的便利功能。因此，整个建筑虽类似于纷繁的迷宫，却同时可为目标明确的使用者提供易于操作的导航功能。比如，在书架的高处与低处，通过改变标识设计，便可将其变为高检索性的空间。

笔者曾与一位艺术家围绕人类最初是如何发现直角的这一问题进行过探讨。毋庸置疑，这个问题并不存在正确的答案。但那时我们设想了各种场景，再从部分与整体两方面做了假设。前者对直角并没有强烈的需求，而针对后者，将单位分割，或将单位简洁地进行组合等涉及到对整体的整合时，直角就不得不登场了。正因如此，在洞窟及原始聚落等最初期的空间里，直角是很少被使用的。这种不具有严密的直角的空间就是以前的"建筑"形式。

该直角问题可能与藤本常提及的"部分的建筑"这一观点有所关联。在安中环境艺术论坛上，他提出了通过按压或拉拽不定型的空间来生成具有绵软轮廓的空间。从内侧膨胀而成的T住宅（T house）计划也是将墙壁摧毁般的呈放射状排布，拒绝使用直角。在伊达支援宿舍、儿童情绪障碍短期治疗中心、青森县立美术馆的竞赛方案中，尽管在个体单位上使用了直角，但在连接的体系上仍然没有使用直角。这种手法极为罕见，使人联想到上古才存在的建筑。

藤本的目标是刷新使几何学成立的坐标系，更新其范围领域。由笔者企划的"新几何学的建筑——以另一个现代主义为目标"展上，曾邀请过藤本出席。在藤本以1∶1的模型制作的K住宅（K house）中，大型墙壁以一笔画的形式将所有部分连接在一起，呈现出环体相互重叠缠绕的视觉效果。这里不存在直角，墙壁相交之处，在上部与下部分别制作了大型开口，避免给人闭锁之感，使内部与外部相互贯穿的筒状空间得以延展。该建筑中的房间没有间隔，如同蜿蜒的走廊般相互连接。如果说直角与平行线给予建筑明朗的秩序是几何学的普遍形态，那么新几何学的形态在简洁的同时，又可衍生出复杂多样的场所。藤本通过导入直角以前的建筑中的感性，而赋予了建筑现代式的空间感觉。

石上纯也

无重力的风景，相对性的空间

最短时间内获得最高建筑奖

2009年，石上纯也设计的神奈川工科大学KAIT工房获得了第六十一届日本建筑学会作品奖。该奖项并非是新人奖，而是日本建筑界的最高荣誉。因此，1974年出生的石上纯也可以如此年轻就获此项殊荣更是在当时的日本备受瞩目。当然，在此之前也有过其他年轻的建筑家获得过该奖项，比如槙文彦（1928年生）在1962年以名古屋大学的丰田讲堂获奖，之后菊竹清训（1928年生）在1963年以出云大社厅舍获奖，矶崎新（1931年生）在1966年以大分县立图书馆获奖。这三位建筑师如今都已是世界著名的建筑家，而且获奖时都已30多岁。自从他们获奖到现在已经过去几十年了。虽然近年西泽立卫（1966年生）与妹岛和世（1956年生）的SANAA组合于1998年获得了此项殊荣，但近年来像石上纯也这样以个人身份在如此年轻的时候获得此项殊荣，显然也是十分少见的。石上纯也已经参加过威尼斯国际建筑双年展及米兰家具展，获得了国际建筑界和美术界的高度评价，但这些都是有展期限定的展示品，并不是常设建筑。2008年，他在纽约为山本耀司所设计的商店是一次创新的尝试。石上在日本只设计过一栋新建筑，所以很难想象还有谁能在更短的时间内赢得日本建筑的最高奖项。这

神奈川工科大学KAIT工房 内观 [石上纯也建筑设计事务所提供]

距离他于2004年离开妹岛和世建筑设计事务所并开创自己的建筑设计事务所也不过是五年而已。2008年石上作为日本代表，担任威尼斯双年展中日本馆的主设计师，可以说石上在30多岁的时候就获得了日本建筑界的所有最高荣誉。此外，如果追溯到师承关系，从新陈代谢派的菊竹清训到伊东丰雄，再到妹岛和世、石上纯也，可以说石上纯也具备了现代日本建筑界中前卫派的优良血统。

神奈川工科大学KAIT工房将横断面形状各不相同的柱子进行随机镶嵌，构建出了如同森林般的空间，是石上划时代的一次设计。他的作品获得日本建筑学会奖的原因是："这是一次令人惊讶的尝试，他将空间的根本特性与骨架结构完全同化，同时仅仅通过'密度'来思考并实现建筑空间，这是我们从未见过的。"而事实上，当石上参加建筑学会奖的角逐时，笔者曾提交了他的KAIT工房项目的推荐信，并在信中把KAIT工房比作是"场馆类建筑历史的一项盛事"，也是"真正令人敬畏的建筑的诞生"（一名评审后来告诉我这封推荐信的内容不同于其他推荐信）。这也是由于近年来形势有些变化，参赛者如果从未获得过一定水准的实际成果，就很难赢得建筑学会奖，所以我才觉得要获得这个奖是非常难的。

一直以来有不少参赛者的作品被建筑学会奖委员会以参赛者年纪太轻，或递交的作品只是私宅设计而非公共设施设计这样的理由而被搁置。这样造成的结果就是一些真正重要的作品被忽视，而在很多年后才能获得该奖项。东孝光就是其中一人，他留在建筑史上的杰作，狭小住宅"塔之家"（1966）起初并未受到重视，反而在几十年后，也就是1995年以包括塔之家等住宅在内的"都市型住宅系列"这一名目而获奖。鉴于这些例子，石上纯也这个一步登天的获奖结果无疑会引起建筑界的一片哗然。据说连评审也围绕其作品评估展开了热议。当然，建筑学会奖并未像芥川文学奖和木村伊兵卫摄影奖那样，受到大众媒体那么高的关注，但是以如此轻的年纪就赢得这样一项殊荣也无疑产生了强力影响。

场馆类建筑历史中的一项盛事

当我第一次接触KAIT工房的设计理念时，就意识到这是一个与当代不同的设计方案。

在早年的研究中，柱子并非是随机排列的，而是在方形建筑中以网格形式分布。而且柱子也并不是千篇一律的，而是具有一定的方向性的细扁钢制长方体，每一根柱子的角度都各不相同，以获得整个建筑在结构上的平衡。换言之，建筑中均质的分布与非均质的分布是共同存在的。即便如此，它仍给人一种积极感，但不言而喻，其后KAIT工房项目得到了进一步进化。而今，它从网格这种规格限制中解放出来，柱子呈不规则分布，这也是在其他所有建筑方案中别具一格的地方。此外，柱子的形状也是多变的，断面形状不仅仅局限于细扁钢制的形式，建筑的设计也变为了不规则的平行四边形。

2006年9月，石上参加了TN　Probe出版社的谈话节目，而笔者正是采访者，在采访中可知经进化后的现在的KAIT工房项目与之前几乎完全不同了。它开辟了一个全新的世界，指明了一种方向性，而且我相信一旦这个工房的价值被广泛认可，那么它应该会成为建筑史上一个不可磨灭的印迹。当时在听石上讲述的时候，我脑海中浮现出了这样一个想法，即从直觉、逻辑、实验，再到实现，这样一个看似很自然的过程，却很少有建筑家可以以如此之快的速度，如此具有冲击性的效果去加以展开。从石上的一系列作品的动向可知，他从观察者的不同位置出发，始终追求同一场所意义上的多种变化。虽然在节目中石上没有展示任何已完成的建筑作品，然而从现场近500名观众的反应来看，很明显他们对石上的作品抱有很高的期望。

虽然在石上纯也建筑设计事务所的工作氛围如同身处战场一般严峻，但是这里总是上演着在世界任何地方都从未见过的不可思议的事情。2006年8月，我去参观了他们在饭田桥区的工作室，该工作室不像之前的工作室那么狭窄，里面放着多个为KAIT工房制作的模型。回顾我的日记《Twisted column》，其中记述过这样一段评述："石上具有天才的感性，一直以来他都在创造着我们未曾经历的新现实。"(1) 在他们办公室中曾有一段时间都摆满了柱子的实体模型，在高至屋顶的楼梯平台上，都树立着许多形状不同的实体大小的柱子。如果在设计方案中用同一样式的柱子按照网格方式排列，那么设计师就可能在一定程度上预测出实际的空间将会是什么模样。然而，石上所要构筑的是一个难以想象到的未曾有过的世界，无法通过常规的图纸来解读，所以这类设计的校验是非常有必要的。

同时，为了研究KAIT工房项目，石上采用了程序师德山知永设计的CAD软件。在整体结构的平衡关系上，任何一根柱子的位置或方向的改动，都会对其他所有柱子和一部分结构造成影响。使用德山知永个人开发的软件，我们可以站在某个特定位置上，呈360度全方位观察周边的风景，而且一旦条件设定发生改变，也可以立即校验整体的变化状态。也就是说，在KAIT工房项目中，石上继承了SANNA组合那样的庞大模型的制作，同时也将计算机引入到了设计现场中，并从这种信息环境的变革中受益。

2007年11月，笔者拜访了即将竣工的KAIT工房的现场。一般而言，这类建筑很容易营造出一种柱子不断重复的纪念性空间，就像埃及神殿中厚重的多柱厅、波斯的百柱殿、矶崎新的丰国文化资源图书馆等。但是，KAIT工房却丧失了我们通常意义上的距离感，是一个我们完全未曾体验过的空间。如果像许多其他建筑那样，将柱子呈网格状分布，远处的柱子就会看上去变得细小，而身旁的柱子就会看上去变得粗大。也就是说，柱子成了贯穿建筑的线索，可以帮助我们了解到空间之间的进深。然而在KAIT工房中，柱子各自的形态与分布却是各不相同的，仿佛颠覆了人们的认知。比如，柱子看着很粗，就以为它离自己很近，而实际上只是自己面向的刚好是远处的扁钢柱较宽的那个面。再比如，柱子看着很细，就以为它离自己很远，其实它离自己很近，只是看的角度造成了这种错觉。

神奈川工科大学KAIT工房 平面图 S=1/500 [石上纯也建筑设计事务所提供]

在呈网格状排列的柱林中，即使未身处其中，也可以很容易地想象出体验效果。而在KAIT工房中，观赏者与观赏者周围的柱子之间的关系是不稳定的，所体会到的距离感也是在不断变化着的。觉得很近的事物会突然间变得很远，而觉得很远的事物会突然间变得很近，仿佛这是一个时而扩大又时而缩小的空间。而且，它并非是在整体上均质地进行伸缩的，而是根据所处方位的不同，而产生不同的视觉效果。实际上，当你在翻看这个空间的平面图时，就会看到那些散落的不计其数的小斑点。我们很少会在建筑图纸上看到这样的形象，甚至会怀疑这不是建筑图纸。如果是一些没有屋顶的室外布置，或是与构造无关的室内设计，可能会采用这种柱子的布局方式。只是同样采用了这种布局方式的KAIT工房却是一座具有结构性的建筑。

问题的设定与发明

初次遇到石上是在2004年，正值笔者参与企划的"高能场地"展的月岛会场的开幕式。当时石上似乎刚建立自己的建筑设计研究所不久，我们通过朋友的介绍相识了。其后，我作为"麒麟艺术项目（KIRIN ART PROJECT）2005"艺术文化支援活动的评审，推选了石上的提案"TABLE"，在众多的申请作品中，石上的作品十分引人注目。这是一张很简单的制图，在约10米长的桌上放置着很大的静物。该作品是从石上之前完成的一个2米×2米×4毫米的名为"用于餐厅的餐桌"的作品发展而来的，但它摒除了用餐功能，将长度延伸到了极限，是具有挑战性的极具魅力的一种构想。法国建筑巨匠让·努维尔也曾设计过名为"LESS"的极其纤薄的桌子，然而成为死角的桌面的中央内侧还需要安置加强筋来巩固结构。但是，石上的"TABLE"却超越了让·努维尔，其桌面是一个完全的平面。

2005年1月，为了筹备展览会，笔者首次拜访了石上在中黑目区的小型事务所，观赏了他之前的那些作品，并将自己的感受记录在了日记中。"我了解到他总是有源源不断的灵感，他所具有的才能极为锐利，如同刀子，抑或干脆说是一张柔软的纸，会不经意地划伤了手指。"当时石上尚无许多作品问世，但他的硕士毕业作品却给人留下了深刻的印象。该作品名为"黑色——对光线的研究"（2000）[2]，当我听到这一项目的构想时，就确信他是一个天才。

简单来说，有史以来，建筑家有效应用光线的手法是十分有限的。通过将光引入室内而创造出漂亮的门窗，通过对阴影的处理而突显立体感，或者制造出如彩色玻璃般的发光的墙壁，建筑家通常会在这些基础上去探寻将更精致的设计付诸现实的建筑之中，就像勒·柯布西耶会以明亮的光线来突显建筑的体量感，但这与古希腊的神庙建筑所采用的手法几乎并无差异。即使是他设计的有一道可穿越厚重墙壁的美丽光线的朗香教堂，也仍然可以看作是模仿了罗马式教堂等先例的作品。但石上在其硕士毕业作品"黑色——对光线的研究"中却提出了全然不同的途径来处理建筑与光的关系，如同是科学家的发明，史无前例。又或者说，它给人的感觉近似于詹姆斯·特瑞尔以及奥拉维尔·埃利亚松那样的艺术家的作品。

为什么这样说呢？下面就让我们来进一步探索石上的世界。首先，能让我们看到事物的必要条件就是周围的光线，它在空中不断漫反射，并在我们的眼睛中成像。现在让我们来想象一个科幻般的场景，在一个隧道式的空间里，光线仅仅向同一方向流淌，不发生任何反射。如果你走在这样的空间里，你感觉如何呢？光线从你的身后照射过来，由于不会在你的眼睛中发生反射，所以你前方的路是全然黑暗的。然而如果你转个身，光线就会投射进你的眼睛，你会发现隧道内充满了光明。如果在这样的情况下，即使你改变站立的位置并向前走几步，前方的路依然是漆黑一片，而背后却是明亮的。换句话说，观察者的站立点会成为光明和黑暗的分界线。这个空间在充满了光线的同时，也是幽暗的。根据观察者的不同位置与朝向，他对同一个地点的感受有可能是黑暗，也有可能是光明。

石上就是以上述的空间假设性模型为基础，将自己的"黑色—— 对光线的研究"项目最大限度地应用在具有广度的三维立体建筑设计之中的。在一般的建筑中，毋庸置疑，只要有光线进入的地方就是光明的。但在石上所构想的空间里，即使所有事物都沐浴在光芒中，对光明和黑暗的感知仍然取决于观察者相对的位置关系。这不是将光线引入到门窗类的设计。而是一种天才的设计，因为他提出了一个其他人未曾涉足过的全新的设计理念。虽然石上的另一个作品神奈川工科大学KAIT工房并不是以这些光线为设计主题的，但在对相对空间的关系性的追求上与"黑色—— 对光线的研究"项目是具有相似性的。

与艺术分庭抗礼的作品

建筑展览对那些在美术领域工作的人而言更像是个挑战。即使有模型和制图，以及平面图或横截面图的展示，但实际上仍需要预先具备一定的素养才可以解读这类构筑空间。而且，建筑家的措辞也比较难懂。当然，一般的建筑展会在"间画廊"等特定地点举行，而来访者也几乎都是在建筑行业的工作者，所以建筑家们不必介意外行人的评价。要不是笔者有幸于2002年到2006年在大阪麒麟广场委员会工作，恐怕也不可能有这样的体会。由于在相同的展会地点，有时举办的是美术展，有时举办的是我大约每年组织举行一次的建筑展，这使我无法完全分辨它们之间的不同，也因此开始对它们进行比较，形成了自己的观点。

在大阪麒麟广场笔者企划了与艺术工作者交情深厚的犬吠工作室的首个个人展览"街道的使用方式"展（2004），其后在远藤秀平和藤本壮介的"新几何学的建筑"展（2006）上，要求设计作品应有1：1的空间体验感。当时笔者还考虑到展示的作品不应仅仅是装置，还要展现出各自的建筑特色。这也意味着比起那些陈述性的东西，用以展示的作品更应彰显其存在感，可与艺术品相匹敌。我一直期望能有这样的建筑家登上建筑的舞台。

我就是抱着这样的愿景，在"麒麟艺术项目2005"艺术文化支援活动中选中了石上纯也的。我觉得石上所制作的作品的强度并不亚于会展中

的特邀嘉宾媒体艺术家束芋，或是在公开招募会中被选中参加会展的三组艺术家中的任何一位。所以我抱着极大的信心推选了他。他为展会设计的"TABLE"桌面长度有9.5米，而厚度仅有3毫米，这种极薄的形态只有通过电脑的结构计算才能真正付诸实际。也正因如此，笔者意识到这个作品并非只是一个装置，毋庸置疑，它才是一个真正的"建筑"。

同时我特别感兴趣的地方就是，桌子放置的方式并未将它的结构展露无遗。如果是倾向于像丹下健三及菊竹清训等20世纪60年代的新陈代谢派及构造表现主义的那类设计的建筑家，可能会用杂技般的方式来夸示桌子的长度与纤薄感，然而石上却有意弱化素材的质感，使用淡淡的木纹薄面板来装饰桌子表面。此外，他并未将桌子设计得与我们的水平视线持平，而是像普通的桌子那样需要我们向下方看。总之，一眼看过去，它似乎就是一张很普通的桌子。

也正因如此，笔者在会场发现有相当一部分观赏者在离开时都不曾觉察到这张桌子的神奇之处。由于展会的作品是分组展览的，只有较少的一些观赏者是为了石上的作品而来的。也许是因为桌子上摆放的静物，又或者许多观赏者是美术领域的工作者，所以可能有人将摆放在桌子上的水果和餐具视为了本次展会的展品。其实，在桌子上摆放的这些物品并非装饰，而是通过对总体重量的计算来保证长桌面最终可以处在一个水平状态上的。然而，对于一些观赏者来说，当时这个桌子只是被当作一个普通的承载物体的台面了。

但是，当观赏者意识到这个桌子所具有的不同寻常的长度时，他们会将自己置身在这个空间之中，并产生与之前截然不同的看法。如果有人能在桌边蹲下来，横向去观察，就会发现这个桌子几乎不存在厚度。这中间完全没有任何被隐藏的加固材料与手段。这个有着近乎不可能的比例的桌子竟然可以摆放如此多的东西，这是背离了我们的常识的。当观赏者意识到这个桌子的奇妙之处时，甚至可能会觉得他自己迷失在了一个重力失衡的空间中，又或者会感觉在电脑设计中才会呈现出的失重空间，不经意地溜进了我们现实的世界中。而且，只要轻轻碰触一下桌子，它就会像生物呼吸一样颤动起来。"用于餐厅的餐桌"所用的钢材料在大阪麒麟广场展会中被换成了铝，它产生了一种前所未有的震动效果，仿佛来自另一个世界。顺便一提，桌面加上摆放的静物的总重量约为370千克，仿佛是一个大的平面浮游在一个失重的空间之中。

失重空间的建筑表达

石上纯也也许是第一个在成为建筑杂志《新建筑》的封面人物之前登上了美术杂志《美术手帖》封面的建筑家，2008年3月刊的《新建筑》封面上刊登了一张有KAIT工房和石上本人的照片，这具有划时代的意义。而在2007年12月刊的《美术手帖》封面上刊登的是他的另一作品方形的"气球"，该作品还成了长谷川祐子策划的"你的未来空间"展（东京都现代美术馆，2007）中的颜值担当，可见，它在美术界也受到了高度关注。实际上，在"麒麟艺术项目2005"的展会之后，石上就成为专营现代艺术小柳画廊的一名艺术家。2006年，他的作品"TABLE"在巴塞尔艺术博览会展出，并被以色列美术馆收购，而他为米兰家具展所制作的聚苯乙烯泡沫塑料椅子也成了法国巴黎的蓬皮杜国家艺术和文化中心的藏品。

在东京都现代美术馆的大型中庭里，飘浮着一个14米高的银色气球。虽然美国艺术家安迪·沃霍尔也曾在展会现场制作了许多飘浮于半空的小银色气球的装置，但石上制作的这个气球的体量大约和四层楼建筑差不多

石上纯也气球2007 （14×7.3×12.8厘米）
[摄影：市川雅秀 版权：石上纯也 / 小柳画廊]

大。该气球包括铝制骨架在内重量约达1吨，充满氦气之后就能飘浮在空

中。在地球上存在的一切建筑都必须遵守引力法则，而摆脱重力感似乎成

了建筑家们的终极梦想。比如，哥特式大教堂虽然是用巨大的石块堆砌而

成，但其非物质化的灿烂明媚的内部空间使原有素材的厚重感消失无踪。

还有从墙壁的固有结构中解放出来的现代主义，其玻璃的透明性、反转状态也依然成立的抽象性构成、用以架高建筑的底层架空柱等，这些都可以说是现代主义探寻的尝试。

这个方形"气球"就像它的标题一样，这是一种飘浮类建筑，使我们想起宫崎骏导演的动漫电影《天空之城》。在这次展览中，我提了一个要求并得到了允许，然后我用自己的双手启动了这个巨大的气球。这种感觉如同一场魔术体验，充满了未知。一般来说，一个人很难推动一个近乎于自己的体量十倍的重物，可我居然能用一只手操控它。这再次使我感受到自己身处在一个无重力的空间中。在20世纪也有一些建筑家构想过漂浮建筑或漂浮都市，就像俄罗斯建筑家乔治·克鲁里科夫（Georgy Krutikov）的环形"飞行城市"（1928），还有理查德·巴克敏斯特·富勒的云城6号（1962）。在该建筑中，如果将网格球顶构造得十分巨大，那么它的结构甚至比其内部的气体还要轻，其直径为1.5英里的球体能飘浮在空中，可容纳1000人居住。

石上经常会用与云或天气等比喻手法，人们会根据天上下雨或打雷等现象而采取相应的行动，却没有人会从物理层面思考打雷下雨的运作机制是怎样的。石上曾说这与他的建筑作品是一样的。对现有环境和天气的巧妙应用，比建筑技术本身重要得多。形状弯曲的方形气球，能在缓慢移动的同时，在内部复杂地映出周边的风景。气球在触及上方屋顶的时候静止片刻，会影响气球的移动。而且，天气的变化也会影响庭院的温度和气流，从而使方形气球如同天空中的云朵，产生不同的运动状态。如果气球附近聚集了许多观赏者，那么他们的体温会成为另一个影响气球移动的因素。从这些层面上，我们或许可以说这类球体是一种具有相对性的建筑。

据说，当初长谷川曾委托石上设计展会会场，不过最后发现这个方形气球主导了整个展览的氛围。也许这个气球也可以视为是展览构成的一种形式。同时，"用于餐厅的餐桌"原本只是针对店铺的一种室内装修，而石上却制作了具有独特质感的桌子，创造出了与众不同的室内空间。该桌子是作为室内设计而存在的桌子，石上使制造事物与营造环境这两种方式同时出现在了自己的设计之中。

对"可爱"的新感受

实际上，在笔者参加过的所有展会中，"麒麟艺术项目 2005"的展会布置是最具挑战性的。当时的时间安排十分紧迫，我很担心无法按时完成备展工作，为此焦虑不安。但在2007年5月，当我受到邀请，准备竞选威尼斯国际建筑双年展日本馆的最高负责人这一职位时，我知道我还是想和石上纯也一起应对这个挑战 (3) 。这是因为他所完成的桌子将结构和材料所能达到的效果发挥到了极致，简直是一个无与伦比的杰作。当时我们根本无法知道是否能有机会赢得这场竞赛，但在8月初，我还是递交了将石上作为出展设计者的申请，当时我们就像在经历一场充满魔幻性的危险旅程。

现在想来，石上被选为日本馆的设计者似乎是一件理所当然的事。但在竞赛过程中，石上还没有完成任何建筑，没有KAIT工房，也没有方形气球。最终评委并无结论，接着要求参赛者再递交一份陈述和相关资料。据说即使在最终阶段，评委们仍然存在争议，但这也是不可避免的。后来我才知道，当时一起参加竞选的人中有好几位建筑家，他们的建筑生涯的阅历远比石上丰富，比如丹下健三、矶崎新、黑川纪章和橘子组。

说实话，由于评选委员会成员全部都来自美术界，所以如果成为"你的未来空间"展颜值担当的方形气球得以实现，在竞赛的时候石上的胜券便可能会大很多。当然，石上很清楚自己在艺术触觉方面的优势，但比起丹下健三和矶崎新两位名家来说，他仍然是个无名小卒。但不管怎样，我们对自己的提案很有信心，而且也尽了最大努力去赢得评委的肯定，石上展示自己极具魅力的小型温室，而笔者则积极解说设计的理念。但由于"TABLE"是我们唯一拥有的优秀作品，所以我觉得我们能被选中也是十分幸运的事情。当我们最终知道自己赢得日本馆理事一职时，时间已经是9月底了。

2008年1月，我们开始在威尼斯双年展的会场，也就是贾尔迪尼公园中进行日本馆选址的实地调查。当时，我在旁边听着石上纯也和助手森田的对话，感到十分惊讶。他问森田哪一种设计更可爱，原来他们是以"可爱"作为价值判断的焦点来推进设计研究的。也许"可爱"这个形容词更适合于不得不以女性的喜好为参考的时尚行业，但出现在建筑的世界里却极为罕见。建筑界通常使用的词语是漂亮、帅气、比例和谐、功能性和条理性等。古罗马建筑家维特鲁威在其书籍中最早提出了建筑的三要素"坚固、实用、美观"，这类形容建筑的词语也一直沿用至今。

在2007年年末，工程规划者真壁智治组织了一个名为"可爱的范例"的设计研讨会，在日本建筑界引起了反响。因此，我也对这个词感到十分好奇，但我以为这个词是用来评价一个已完成的项目，或是学生的专用语。然而，石上纯也的事务所却是一边使用"可爱"这个词，一边进行设计创作的。而且据石上说，他在SANAA工作期间也经常听见妹岛和世说"可爱"这个词。

即使石上在致力于研究各种极限类的前卫派设计时，他的作品中也确实给人以"可爱"的感觉。比如2005年他在米兰家具展上为LEXUS（雷克萨斯）设计的小椅子，采用的是聚苯乙烯泡沫塑料。它的奢华感使人难以相信这是一个实物，而更像是一种为展示实物形态而存在的模型，但实际上它就是一个已经完成的实物。其独特的工艺制作使这个聚苯乙烯泡沫塑料的椅子具有实用性，人坐上去也没什么问题。而其整体给人的虚幻感和柔弱感都可称之为可爱。而且，在椅子表面还有一些白色花纹的图案，这与结构和功能完全无关。总之，石上在作品收尾的时候使用了具有女性气质的装饰。

有时小件的物品更显可爱。比如，石上的著作《植物与建筑》（2008）就是一本可以静静放在掌心上的袖珍书。在KAIT工房中摆放的白色椅子也比寻常的椅子要小一些。作品"小花田"（2007）将370个小小的银器摆放在了圆桌上，那些指尖大小的容器的尺寸与形状各不相同，其里面盛有干燥的花瓣，每一片都是用小镊子放进去的，凝神探头向内窥视，你会忘记它的迷你尺寸而沉醉在每个容器的内在世界中，仿佛每个容器都是一个展示室，里面展示着不同的艺术作品。

在"SD Review"展览中展示的长屋小庭院（2005）的模型就十分令人震惊。一般来说，建筑模型是以展示空间的结构为目的的，而且是不变且固定的。即使在细节模型里，为了使观赏者一目了然，最多也只是放置桌子或椅子等家具。但在石上的长屋小庭院里，不仅有植物，连洗的衣服到桌子上盛有料理的碟子等都有迷你模型。这种细节的感受更接近于玩偶之家，而不是惯有的建筑模型。石上并不只是简单地在描绘着生活中的风景，通过这些模型，他想要表达自己的世界观，也就是我们所建的建筑并不是唯一的主角，周围所有的细小物体都是同等重要的，应该平等对待。进入21

世纪初期，在学生中也流行把洗的衣服这些小模型放在建筑模型里，这种风气或许就是受到了石上的影响。

2008年9月开始的威尼斯双年展的日本馆室内设计也给人留下了深刻记忆。这是一个除了白色的椅子就再没有任何三维立体物品的空旷空间，墙上绘画的主题也是围绕着植物与建筑的关系。在建造过程中，有一些东京艺术大学、昭和女子大学以及东北大学的女大学生来过会场帮忙，她们根据石上的指导，完成了墙壁上那些令人惊讶的极为精细的小型绘画。在三个星期的工作中，她们手握铅笔精密细致地刻画出了一枚枚叶子。如果你站在远处，仅仅能看到白色墙壁上所展开的乌托邦般的景象。但当你渐渐走近，细心凝视，你就会发现这是一面纯手工绘制的墙，其中倾注了很多心血。这种气魄已经超越了可爱这一层面。在艺术的领域中，绘画有时就是偏执而狂热地重复那些微小的元素，比如局外人艺术作品，或是画家袴田京太郎的作品，但我从未在建筑领域见过这样的作品。实际上，许多参观者都对这面墙上的绘画惊叹不已，甚至多次询问画者的名字。

走近相对性空间

大赛的获胜设计作品"极致自然：朦胧空间的风景"是一系列围绕在日本场馆周围的小型温室项目。这与我们在大阪麒麟广场上所做的设计很相似，目的是要将展示作品像建筑一样真实地表达出来。正如伦敦世界博览会中约瑟夫·帕克斯顿的水晶宫以及巴塞罗那国际博览会中密斯·凡·德罗的德国馆那样，国际展会已经成为孕育实验性建筑，开辟未来建筑可能性的场所。石上的温室不是展示历史的博物馆。温室也为日后建筑建造的可能性扫清了道路。石上的温室与第十一届国际建筑双年展的主席阿龙·贝特斯齐所强调的"在彼处：超越房屋的建筑"的主题相呼应，他通过这次实验性的尝试，为建筑空间提供了一个新的开始与新的方向。

这些温室通过精密的结构计算，呈现出一种奢华感，并将存在感淡化至极致。那些16毫米方材的极细的柱子、梁架和仅有8毫米看似窗帘一般的超薄玻璃，都是从日本特别订购的，并从日本派出专家组建铁架和玻璃，整个工程用时一个多月。其中网络状的梁架由于过于纤细，无法通过焊接得到，要从铁板上切割下来。为隐藏本应安装在地面上的地基和供水系统，石上使用了大量的土进行覆盖，然后平整地形，这一系列的园林布置花了近两个星期的时间。可是大多日本馆的参观者却没能看出建筑家的这番功夫。实际上日本馆周围的地面最大也只是将近1米左右的隆起，整个作品完成的状态很难让人发现这种隆起是出自人为，看起来只是普通的自然环境，也就往往无法想到其背后的辛苦之处。我想这或许是目前为止日本场馆建设工程中最耗费时间的一项作业。而事实上，附近其他国家场馆的人员也常常询问，这个温室是否会长久保留下去。

威尼斯国际建筑双年展2008 日本馆温室
[石上纯也建筑设计事务所提供/小柳画廊]

当然，这不是我们最初的目的，不过在竣工之后，日本馆显得很日本，具有鲜明的日本特色。比如那些如插花般被精确计算过的植物摆放，以及像借景般将周围树木融入一体的景观造型。通过透明的玻璃，人们可以看见后方的韩国馆，附近的俄罗斯馆，场地之外的绿色景观与温室内外的植物之间的相互映衬，这些共同构成了日本馆的景致。在内部展览时，我很惊讶有人会问我这样的问题：室内和室外相互渗透的空间与传统的木造建筑是否存在一些联系。精密的施工、细腻的制图以及展示的花费等也作为日本风格的要素被考虑其中。在我们的展示中，并没有对为隐藏本应安装在地面上的地基和供水系统而堆砌大量泥土时的劳累等进行说明，这也是构成我们优美风格的一部分。而在其他一些国家的展会中，某些部分的技术即使一目了然，也要特意准备花絮等影像材料来夸耀作品中所蕴含的超凡技术。在日本馆的美学中，从来不包含这类炫耀式的展示手法。

围绕着温室，我们还布置了许多家具，并在现有树木中加入新的植被，将其建造成一座令人心旷神怡的庭院。我们没有必要让人们理解建筑中所蕴含的超乎寻常的技术，令我印象深刻的是参观者坐在长椅上怡然自得地眺望着周围的植物时的情景。在建造景观的现场，我发现十分有趣的是石上对细节处进行了多次揣摩与变动，比如植物的分布、温室内部与外部的家具及陶瓷制品的摆放。毋庸置疑，空间如果只有建筑，便不能称之为是一个完整的空间。无论是植物，还是家具、陶瓷制品，都被一视同仁，当你改动了其中一样物品的位置，其他物品也要相对应地跟着移动。石上似乎对空间有着这样一种认知，即植物、家具、建筑、地形及环境等一切事物都是不分优劣，同时存在且相互联系的。

在2008年第十一届威尼斯国际建筑双年展的开幕日，也就是为期三天的内部展览中，日本馆受到了广泛欢迎，它与展会主题结合密切，拥有技压群芳的美景和独具匠心的庭院氛围。当其他国家场馆以组别展览的形式来介绍与石上同一代的年轻建筑家时，只有日本馆将石上作为场馆建设者推到了幕前。我们准备了关于石上作品的双语作品集 [4] 与关于他作品图示的小册子，结果很快销售一空。从大众那里得到的回馈也是积极肯定的，受到了很多赞赏。晚饭时，餐厅的服务生还主动对我们说起他听说日本馆很漂亮。我们这才知道原来当地人都在讨论日本馆。

虽然日本馆不幸未曾获得金狮奖，但2008年的双年展却成了石上在世界崭露头角的舞台，标志着他是走在日本现代建筑界的前沿人物。当藤森照信出人意外地获得第十届双年展的特殊奖项——推荐奖时（通常是没有推荐奖的），当时就有人说日本今后不会再有人得此奖项。虽然当时金狮奖是由波兰馆获得，但从公共开放日时报上刊登着"从华沙到东京"的标题可知，日本馆在初次登场就已在主流媒体中获得好评。

笔者在威尼斯逗留期间，惊讶地发现石上从来不去别的国家场馆参观。他全神贯注地致力于日本场馆的布置，但是在同一座公园里还有许多别国场馆，石上完全可以用几分钟观察一下他们的工作情况。在日本馆完成后，他忙于应对媒体，可是他一点也没有积极地表现出想要抽空去其他国家场馆或去造船厂转一转的样子。石上并不是那种在掌握其他国家建筑家的操作情况的基础上，再在战略上改进自己方法的人。后来我才明白，原来石上是一名具有绝对的价值基准的建筑家，他是孤傲的建筑家，不管世界潮流如何变化，一直坚持创造自己的新作品。

创造并拓展未来的建筑

有许多类似犬吠工作室和橘子组这样的建筑家，他们生于20世纪60年代，并于90年代在建筑界登场，这些人都参与了艺术类的大型活动，比如横滨现代艺术三年展和越后妻有艺术三年展。进入21世纪，建筑与艺术的跨界行为开始兴盛。许多人从艺术界跨入到建筑界，比如杉本博司、奥拉维尔·埃利亚松、荒川修作和中村政人，也有人反其道而行，从建筑界跨入到艺术界，石上就是其中一个，不论他的作品是建造在现实中的场地，还是只在美术馆展厅中的展示，他所设计的每个空间都是建筑。

那么为什么说石上接近艺术领域呢？考虑到社会背景，其中一个因素是，自从泡沫经济破裂之后，日本年轻建筑家工作困难的情况一直延续，而能够实施的工程数量也很少。但这不是唯一的原因。我认为这与石上一直致力于突破建筑的极限不无关联。因为如果要建成一座建筑，就要处理好各种条件，比如社会限制、法律程序和成本问题。然而如果换成艺术空间，其展示时间是有一定期限的，可以解除一些条件限制，从而更加自由地去追求纯粹的艺术。

因此，无论是麒麟艺术项目的"TABLE"，还是东京都现代美术馆的方形"气球"以及威尼斯国际建筑双年展上的温室，石上一直走在现实世界的前沿，不断探索建筑的多种可能性。可以说，他的建筑作品有着乌托邦般的纯粹性，如果日本能够允许建筑有大量实验性的尝试，那么石上就很有可能在现实世界里完成更多的建筑。只是当今的社会害怕风险，缺少冒险精神，越发趋向守旧，已经无法承受像石上那样大胆的提案，只能接受那种不打破已有框架下的设计。因此，艺术的领域就必然成了石上的一个容身之所。

石上为了将在Thames & Hudson出版社刊行的作品集，已经开始准备各种工程项目。比如，如果要建造一座突入到大气层那样的超高层大楼，那么每一层的空间是如何转换的？在宇宙空间中如何仅凭借水的表面张力而完成水族馆的建筑并维持其长久存续？假设存在立方体的行星，那么上面的地形面貌又是什么样的？整个地球是否可以被连接的弧形结构所围绕？

虽然想法中有一些已经在2010年资生堂画廊的"建筑有多小？有多广？"展（2010）会上被介绍，但其中有许多项目已经跳出了建筑家的常有框架。在这次个人展览会上，桌子上摆放着近60个小模型，有一些是他亲手制作的，展示了乌托邦般的景象。到最后，这个画廊几乎变成了有着各种小型模型的怀旧展。而且，这期间石上通过多种表现手法，向观众表达了他各种各样的奇思妙想。

也许有人会想到一些建筑团体，如建筑电讯派和超级工作室（Superstudio），他们在20世纪60年代因其奇幻的建筑景象和城市构想而受到瞩目，但石上并非只是用想法和涂鸦来娱乐我们。石上总是尽可能地在利用物理条件的基础上，来构想从未有人经历过的空间。他不太重视社会因素，可以说，他的世界并不是一个一切皆有可能的梦想世界，而是一个在被给予的规则中进行最大限度的思考。这同样也是他建造过程的写照。说到他无边无际的想象力，他与理查德·巴克敏斯特·富勒很相似，但相较于后者的专注于几何学，石上作品的奇幻性的色彩更加浓重。从某种意义上，甚至可以说石上是超越了理查德·巴克敏斯特·富勒的。由于书本比展览会的自由度更高，所以他将广义的环境，比如行星、地形和气候作为设计的对象，进一步扩展了建筑的可能性。石上仿佛成了一个神，重新创造了一个世界。

荣获金狮奖的空气建筑

在第十二届威尼斯国际建筑双年展上，SANNA组合的妹岛和世担任总理事，石上纯也又得到了一次在军械库区（威尼斯双年展展区）展示作品的机会。他为展览会制造的"空气建筑"，就如名字一样，你会惊异地发现它是一栋直径0.9毫米、高4米的细柱林立的建筑，其存在感极其微弱。这些如自动铅笔芯一样细长的柱子比两个人还要高。如果要拍照的话，从照相机的屏幕上看，这些柱子看起来就像是屏幕上的一些伤痕，几乎已经将这些细柱的纤细极限地再现。每一根极为纤细的柱子在东西南北四个方向上各由13根细线牵拉固定，使之竖立在地板上，细线共52根，每根直径为0.02毫米，用肉眼几乎是看不见的。笔者也在现场近距离观察过，只有在光的照射下略微反射时，才能勉强看出细线大概的位置。正因如此，在建造过程中，从场地外部向内眺望过去，可以比较清晰地看到建造的场景，就像是在看一场哑剧。

艺术家伊夫·克莱因也曾倡导"空气建筑"，而石上追求事物的极限性，并实现了几乎可以融入空气中的建筑。在建筑历史长河中，从巨石类建筑及古希腊神庙等厚重的石造建筑开始，最终我们走到了追求极限性这一阶段。但由于这个建筑的结构太过于纤细，在内部展览的时候发生了意外事故，空气建筑开始坍塌。因此，石上试图将其重建，但短期内又出现了其他状况，比如有老爷爷跨越围栏闯入到了内部，还有小孩子跑来跑去撞到了建筑。每次重建之后都会遭到这样那样的破坏，然后又坍塌了。当笔者在内部展览会的最后一天到达现场时，虽然还留存了一些柱子，但形状已经完全无法辨认了。最后只能通过墙上那些建筑物的立面图以及会场中的残骸，来想象这里曾经存在过的艺术品的模样。还有人将其称之为"事故建筑"。仅具有永恒性的构筑物并不能称之为建筑，事实上许多场馆都是暂时性的，但它们确实如海市蜃楼般稍纵即逝。

据协助了现场建造工作的艺术家手塚爱子说，在他们完成一期工程的那天深夜，44根柱子按照每行4个共11列的模式排列，如同是电脑屏幕上才有的细线图画，不像是这个现实世界应有的风景。很显然，在完成"TABLE"和气球之后，这种无重力感的空间表达就成了石上惯用的主题。空气建筑改变了空间的存在状态，使观察者能身临其境。那天晚上，由于所有工作人员都已筋疲力尽了，未能用照相机将绝美的风景记录下来，结果建筑发生了第一次崩塌。然而，毋庸置疑，在2010的双年展上，石上纯也是走在最前沿的建筑家。即使最后他的作品发生崩塌，却像是他本人朝前跳跃了三百步后才有的跌倒。不管怎样，我觉得他如果要赢得金狮奖还是很困难的，毕竟在2008年双年展上，他所完成的终极性建筑未曾获奖。

结果在2010年8月28日的颁奖典礼上，当听见石上纯也的名字被叫响时，我惊讶不已。他摘得了本次展会中的最佳项目金狮奖的桂冠，评委认同了石上在独特且坚定的信念基础上所建立起来的世界观，并对他的作品中所蕴含的物质性、可视性、纤薄和建筑自身的极限性给予了高度评价。说实话，我两年前以为他会以相同的原因获得金狮奖，但此次获奖证明了他的真正价值最终还是被认可（即使是此次才获奖，他仍是一名十分年轻的获奖者）。当然，石上这个最终坍塌了的建筑作品竟然获得了最高奖项，可以说是史无前例的。石上只是全身心地探究建筑的可能性（当然，在2010年秋天丰田市美术馆的个人展览会上，石上的这一相同作品出场稍微晚了一些，但最终还是以完结的状态被建造，在2011年的伦敦巴比肯艺术中心石上完成了不会坍塌的具有稳固性的作品）。此次石上获得金狮奖成了人们热议的话题，而评委的评估以及双年展的展示让石上的作品陷入了"争论"，这超出了石上本人的意图。人们开始了一系列的争论，比如是否能把奖项授予一件毁坏的作品？这个作品本身究竟是建筑还是艺术品？而之所以能掀起这样一场争论，还是源于石上的"建筑"冲击了底线，超越了临界点，否则是无法引起这种反响的。

译者注

(1) 参照链接：http://www.cybermetric.org/50/50_twisted_column.html。

(2) 五十岚太郎编《建筑师的毕业作品访谈2》，彰国社于2006年出版。

(3) 五十岚太郎编《建筑与植物》，INAX于2008年出版。

(4) 石上纯也著《从小插图的统一中所思考的建筑》，INAX于2008年出版。

原理与现象

生于20世纪70年代的建筑家

曾经的Unit派究竟是什么

如果要对生于20世纪70年代，在21世纪初崭露头角的建筑家们进行定位的话，可以先从上一代，也就是被称作"Unit派"的建筑家们入手，将二者进行对比。20世纪60年代出生的犬吠工作室、橘子组、Klein Dytham建筑事务所等被第一次集中介绍是在1998年刊行的建筑杂志《SD》上，当时笔者在卷首的论文中有过这样的阐述："不论是'体制'还是'权利'，他们没有明确的反抗目标……所以他们从切身的日常开始做起，在拘谨的日常的裂缝中呈现现实性。他们的出发点除此无他。"[1]

犬吠工作室并非是那种严肃的建筑家，他们最初是以轻松乐观的装扮登场的。他们对通常被认为是环境糟糕的日本都市圈或高密度居住区进行了积极解读。橘子组则是通过与业主的认真沟通，尽可能地使设计满足业主的意愿。这也使他们的设计被人们认为是非标签式的设计。他们没有将建筑进行特权化，而是将其与家具、汽车等一同放在了同一平面上进行考虑，并将战后大量产生的居住区视为理所当然的风景，不仅没有批判其均质性，反而为了留存这些住宅出版了改造方案集。

评论家饭岛洋一认为，1995年的阪神大地震给Unit派建筑家们带来了强烈的精神冲击，使其失去了坚定的理念，放弃了表现欲望，并批判了他们在平面化的社会中只会在细微的差异上进行戏耍的作为。但是，笔者并不认同这一观点 (2) 。其实，生于20世纪60年代的建筑家们在介入到城市活动中时采取了与纪念性建筑不同的设计方式，并试图从细微处着手来唤起日常的革新。在日本，像奥运会、世界博览会等肩负着国家使命感的建筑设计工作已于20世纪60年代，也就是丹下健三所活跃的那个年代结终，而各地方的公共设施也几乎都于繁荣的20世纪80年代得到了完备。Unit派显然是在后泡沫经济的网络社会中为了生存而不得不形成的组织。20世纪90年代后，建筑领域的女性增加也是促成Unit派形成的一个重要因素。实际上，当时像林雅子、长谷川逸子、妹岛和世等知名的女性建筑家却还是屈指可数的，但Unit派却是一个男女混合的建筑组织。

从状况到原理

在了解了Unit派后，接下来让我们看看生于20世纪70年代的建筑家们的特征。

如同以往的任何时代，新一代的建筑家们总是会开拓一条与上一代迥然不同的道路。首先是流行的Unit派减少，取而代之的是给人以"酷"的感觉的个人建筑师。但是，依旧明确的是他们不偏好强烈的空间设计。就像是把北京作为活动据点的松原弘典（伊东丰雄事务所出身）和迫庆一郎

（山本理显事务所出身），他们多数有着国外工作经验或得到了知名建筑家的真传，而且他们开始更正式地使用计算机进行设计。

下面归纳一下新一代建筑家的几个倾向。

从国外的关注热度来看，藤本壮介和石上纯也可谓是新一代建筑家中的双前锋。他们试图重置建筑历史并从中捕捉到新的原理。同时对自然形态很感兴趣的平田晃久（1971年生）也通过褶皱的形态构成与扭曲的拓扑几何空间，探寻着新的建筑。如果说Unit派没有主张建筑的个性化，新一代的建筑家们则是具备了天才的资质。Unit派的犬吠工作室及橘子组等是在对城市的观察和实地考察的基础上来构筑建筑的，而新一代建筑家们则更倾向于先传达建筑的基本原理，而不是先说明他们所处的场所或环境等外在条件。针对Unit派的一代，2001年在"间画廊"曾举办过"从空间到状况"展，而今后可能会趋向"从状况到原理" (3)。

20世纪90年代以后，建筑界开始不再流行后现代主义式的造型，而是重新回归到了现代主义。通过简单的形式来构成明快且复杂的空间的手法得到了认同。既不是严格的功能主义，也不是虚构主义，而是以柔和的形式主义去决定建筑的走势。Unit派不直接明确地表达理念，因为他们事先已意识到其理解的难度。而生于20世纪70年代的藤村龙至虽然具有这些侧面特点，但更重视所有设计过程在理论上的可视化。21世纪初，《建筑文化》《SD》及《10+1》等以往的建筑杂志接连被迫停刊，然而藤村积极策划媒体活动，参与社会学等不同领域的讨论，揭示了郊外化、信息化等关键词，构筑了言论的理论性框架，增强了同代建筑家之间的联结。

泡沫经济破灭后，日本的公共设施项目骤减。而东京的大型再开发项目也多被大型建设公司或外国知名建筑家独占，年轻建筑家只能着手设计狭小的住宅。当时，新一代建筑家面临着严峻的社会现实，他们不能再仅凭建筑而活跃在建筑行业，室内设计与改造项目也被积极地放置在了"建筑"文脉的延长线之上，建筑也跨界到了艺术领域。但是一些在日本市场占有很大营销份额的世界知名品牌店却给优秀的建筑家们提供了实现实验性设计的机会。其中青木淳事务所出身的乾久美子、中村竜治、永山祐子以及隈研吾事务所出身的中村拓志等人都开始从事商业设施设计，进行具备现代化装饰的纤细设计。他们创造着只有在其场所才能体验到的现象学意义上的空间。而具有街区感觉的犬吠工作室、橘子组等建筑家们并不是以这些品牌店为设计对象的。

平田晃久——风景的创造形式

2005年，平田晃久离开了伊东丰雄的事务所，开始独立进行设计。他以强烈的形式性创造出了独特的现象与风景。比如，凹凸交互排列的褶皱状原型呈不规则碎片形式成长，形成椅子或建筑。或者通过交错排列，构筑出相对倾斜的关系。他的H住宅（House H 2004）无论是在平面还是在断面上，都是连续的两个矩形体量相连接的，通过紧紧地锁定接合面，来营造出不即不离的微妙的距离感。顺便一提，伊东丰雄的台中大都会歌剧院项目中交错体量的构思也是源自平田晃久在其事务所工作时的提案。

平田所追求的空间可以从图片中看到它的美，但又很难仅用图片来传达它所蕴含的所有理念。直角三角形介入的桝屋书店（2007）和镜柱林立的OORDER理发店，如果不去亲自参观或观看影像，便无法感知到空间的颤动，无法体验到各种要素的配置关系在发生着令人眼花缭乱的变化。平田的建筑形式如同一项新的发明，将未曾有过的现象呈现在人们眼前，孕育了崭新的风景。继伊东丰雄的仙台媒体中心后，平田作为前锋探求着新的建筑原理。

位于东京代官山猿乐（2007）商业设施不仅拥有店内的舒适空间，还营造了室外的风景。在基地上分布的6栋建筑为整个商业设施营造出了中庭空间和多个空隙。加之各个建筑单元都比较小，还有一部分是被埋入地下的，所以整个商业设施看起来就像是多个带有阳台和室外阶梯的住宅。实际上，猿乐的空间设计不同于以往的商业店铺设计，它使人联想到早川邦彦设计的集合住宅（labyrinth 1989），为室外增添了戏剧式的公共部分。当然，猿乐不具有后现代建筑那种迷宫式的虚构性，而是趋向真实性的风

猿乐商业街 [摄影：Nacasa & Partners工作室]

景。店铺里总是人来人往，唯有身临其境，才能体验到对方的存在。该商

业设施是街区的一种延伸，更近似于通过分栋形式来再现室外风景的西泽

立卫设计的森山住宅。出自平田之手的"R-MINAMIAOYAMA"（2006）

也是有效利用了室外阶梯的具有丰富的外部风景的商业设施。

　　在2008年的横滨国际三年展上，由笔者负责策划，平田担任设计的新

的家型住宅"房中房"（2008）得以实现。所谓家型就是具有三角形屋顶

的那种人们心中固有的住宅形象。近代的现代主义建筑偏好平屋顶，并不

喜欢这种传统的屋顶形态。然而，后现代主义盛行的20世纪后半叶，开始

再次导入家型的主题来作为记号式的表达。迎来21世纪，在建筑界使用家

型的设计又再次增多。也就是说，家型建筑迎来了第二次的发展，但是这

次不再执着于记号式的表达上，而是将焦点放在了建筑形式和空间体验本

房中房 [摄影：Nacasa & Partners工作室]

身上。"房中房"就是这类建筑的典型代表。

初次见到"房中房"时，我们都对它的屋顶惊讶不已。它并非是一个在中央凸起的三角屋顶，而是被分解成了多个小屋顶，而且通过屋顶之间的缝隙互相重叠咬合，消除了隔墙，使二层连续的各个空间得到了柔和的隔断。也因此出现了只闻其声不见其面的效果。虽然是同一个房子，但通过屋顶的隔窗可以窥见相邻的房间，也就是说，相较于将精力投入到平面上，该建筑更重视将屋顶分栋，由此营造出的空间形式。即使房间相连，也满足了现代人希望保持若即若离的交流距离的意愿。常规的家型一般象征着家族的聚集场所，但"房中房"通过给予各个房间以小屋顶，使距离感和共有感同时出现。之后的赤羽集合住宅（2010）不仅与周围的地形相互呼应，也是"房中房"理念的进一步深化。

中村拓志——作为现象的装饰

迎来21世纪，建筑家们不再采取在结构上附加装饰这一建筑手法，转而关注将结构与装饰一体化的趋势。随着计算机的发展，复杂性的设计也得以发展，结构本身就可以起到装饰作用。就像伊东丰雄的TOD'S表参道大楼（2004），其受街道上成排的榉树启发，将重叠的榉树形态打造成了混凝土构造体，并用玻璃填充空隙，将大楼包裹起来。这种设计动摇了结构与装饰，骨架与皮肤，抽象与具体的这些二分法。伊东丰雄的银座御木本（MIKIMOTO）2丁目大厦（2005）也运用了相似的建筑手法。

中村拓志在建筑中十分注重细微的表达。他生于1974年，在隈研吾事务所负责塑料房（PLASTIC HOUSE）等项目后，成立了自己的建筑事务所。他设计的朗雯银座店（LANVIN BOUTIQUE, 2003）的铁板立面上有许多尺寸不同的小圆形开口，也就是说，它不存在闭锁的墙壁与透明的窗户之间的对比，是有别于它们的多孔立面。光线透过圆形开口照射进来，有时会在店内投射出优美的水滴般纹样，有时又如星光闪烁的夜景一般。施工时，在

莲花美容院 [中村拓志 & NAP]

3000个开口处镶嵌了相同内径的丙烯合成树脂，然而在最后润饰时，中村避免使用贴纸和黏合剂，而开发了特殊的建造方法。首先，将丙烯冷冻缩小，放入开口处。待温度恢复到常温，丙烯膨胀时，将其完全紧贴在一起。也就是说，他利用最少的要素，打造了由铁和丙烯组成的平坦的表面。

莲花美容院（LOTUS BEAUTY SALON，2006）在天花板的铁板上开了约5万个小孔。在小孔不聚集的部分形成了莲叶的形象，但由于小孔的直径只有9~13毫米那么小，从远处观看，莲叶的形象就会消失不见，而走近时莲叶的形象又会再次出现。这不同于动植物模型或是几何学模型等的装饰。首先，无数小孔的集聚使人联想到具体的形象。其次，这些小孔不仅仅是简单的图像，也在履行着天窗的功能，可以透过并分散光线。

伊东丰雄以任何人都可以一目了然的明快感来融合构造与装饰，而中村则将装饰现象化。在他的设计中，既没有立体的雕刻，也没有平面的图像，而是将光透过无数个小孔，在室内营造出各种令人眼花缭乱的光影，给来访者带来具有敏锐的知觉刺激的空间体验。莲花美容院将棱线模糊处理，使颜色发生渐变。这些设计都是以被膜为参考，使设计成为了作为现象的一种装饰，而这些现象所呈现出的丰盛变化也是无法从平面角度来解读的。

SH住宅（HOUSE SH，2005）的白色墙壁完全凹陷，就像是丧失了远近感的建筑，唯有身临其境，才能感受到它的空间色彩。樱之木画廊（2007）以3厘米的木造墙壁将房间细细间隔，对过去近代建筑否定的形态及拱形的开口部分重新进行了柔和的整合。通常建筑家偏好设计矩形的开口部分，而在SH住宅中则偏向适合女性的环境设计。而且虽说是拱形，但它并非是后现代式的记号操作，而是将重点放在从移动的人的眼睛中如何认识拱形的连接形态这一现象上。

藤村龙至——设计议论的场所

　　生于1976年的藤村龙至从注重感觉性的同代建筑家很少涉及的语言层面，积极开展了许多活动。他从2007年开始策划免费杂志《间接》（ROUNDABOUT JOURNAL），参与社会学等不同行业的讨论。该杂志通过学生网络进行全国宣传，其影响力丝毫不逊色于市场销售的那些建筑杂志，首刊就印刷了5000册。他还在聚集了同代建筑家的研讨会上，在观众席后面进行现场的编辑作业，等活动结束时，以出版号外杂志那样的速度将记录了活动内容的杂志分发给大家。藤村与社会学家进行讨论，揭示了批判性工学主义这一概念，他对资本理论既不囫囵吞枣，也不一味批判，而是在创造性地探索具有超越性的建筑的存在方式。这样想来，勒·柯布西耶也编辑出版过名为《新精神》的杂志，这些都可谓是建筑家最先进的媒体战略。

　　在藤村与BERA JUN共同设计的初期作品体素住宅（VOXEL HOUSE 2004）中，格子状的连续构架在改变着空间进深的同时，还将墙壁包裹其中。这种如巨大书架般的构架如同蜿蜒起伏的地形，将厨房与冰箱等也囊括其中，营造出了多样的场所。这种设计乍一看像是感官上的室内美化，实际上许多模型都是追本溯源地按顺序排列着的，藤村从理论上的一系列方案出发，对这些设计过程进行了说明。他在每个设计环节都先对所需的各种条件和遇到的各种问题进行确认后，再去确定形态。在藤村构建该建筑的十年前，橘子组倡导构建非作家性的建筑，并一度成为人们的热议。他们表示可以通过满足所有多样性的设计条件，使之饱和，以此来排除强烈的作家性。但是，由于橘子组并没有公开展示他们的构建过程，因此他们的设计如同是一个无法透视的黑盒子，很难与他人共有其内部结构和原理。而藤村则提出超线性程序论，尝试通过极其透明的作业方式将设计目的与过程加以公开。

藤村的K大厦（BUILDING K，2008）面向东京的高圆寺商业街，在一层插入了商业设施，而其上部的外观如同林立着的铅笔楼，在五层可以感知到下面无法体验到的令人惬意的空中陆地。而且，实际上无论是插入巨型建筑体，还是将2~4层悬吊起来，这些都暗藏着无法从外部看出的复杂系统。这种设计态度只有像橘子组及犬吠工作室等出自东京工业大学，受坂本一成熏陶才可能产生的。当然，正如藤村在K大厦中提出的具有独立系统的空调设备，他探索追求的设计不是个人建筑设计事务所式的，而是大型组织设计事务所式的。他的推陈出新就在此处。作为初出茅庐的建筑家，他的作品竟例外荣登了《新建筑》杂志的封面。也因此引起了很大的反响，招致了一些批判之声，比如设计中的意图不明，比例结构难以理解等。当然，这其中不乏嫉妒者，这场议论也展现了藤村面对媒体时的高超。与此同时，他不断地

K 大厦 [藤村龙至建筑设计事务所提供 摄影：鸟村钢一]

企划各种极具生气的展览会，发展并继承了"建筑师2.0"展（2009）和矶崎新的海市展（1997）的"城市2.0"展（2010）。他还向东浩纪主持的评论杂志《思想地图》投稿，向人们展现了信息化时代的建筑家的新形象与自己的都市建筑理念。

中村竜治——微分化的建筑世界

"风景的分辨能力"展（2008）偏向规避强有力的建筑，石上纯也的袖珍图画书和中山英之的可爱制图等使会场洋溢着女性氛围。而在这些人中，中村竜治可谓是最激进地展开如超微分般的精细设计的建筑家，他对这种设计追求至极。从另一个角度来看，也可以将他的作品视为工艺品。相对于大建筑而言，小的工艺品总是伴随着细致入微的手工制作。也正因如此，涌现了中村竜治的作品是否是建筑的质疑。然而，中村的作品相比一般的工艺品，更追求精细的操作，于是出自他之手的建筑都成了极限的存在，具有构造性的改变。因此，他的作品可以从工艺性的事物中反转，转换成建筑性的设计。换言之，中村的作品就是被微分化的微观世界的建筑。

中村的作品所酝酿出的女性氛围比同是出身于青木淳事务所的乾久美子与永山祐子还要浓重。这也可能是与他擅长运用纤弱的布与纸有关。在晴姿青山店（2006）中，他提出在布上制造小孔后把眼镜戴在上面的展

玉米地 [中村竜治建筑设计事务所提供]

示设计，仿佛是在白雪中浮现出一个眼镜的形象。在晴姿流山店（2007）中，钉在墙上的纸呈现出了弯曲状态，眼镜就放置其中。相较于以整体来决定设计，中村更倾向于如何摆放商品这种具体的形象设计上。这种物品的陈列设计形成了眼镜店一系列的室内景观。与此同时，流山店还将位于购物中心一隅的平行墙壁倾斜分布，如同壁纸上的条纹那样陈列店内的眼镜，并将镜子插入在条纹之间。要素的重复与镜子的反射使空间的规模感得以伸缩，营造出了一个不可思议的世界。

利用光造型的技术制作而成的小作品"虫笼"（2007）是由直径0.3毫米的框架和7毫米的齿距构成的极为纤细的立体格子，格子边界与周身空气形成了暧昧的界限，奢华感油然而生。随着眺望的角度与距离的不同，格子的密集状态也在瞬息万变，令人眼花缭乱。关在虫笼内部的蝴蝶与观察者们享受着同样的空气，但它却仿佛是浮游在另一个世界之中。此外，中村的另外一些作品，比如"丝瓜"和"熊"是通过将切割成网状的波浪形板进行层叠，营造出小巧而可爱的体量感的。他的作品没有将面与面统一连续起来，而是通过带有许多空隙的结构体来构造出形态的轮廓。"虫笼"就是瓦解了大体量的面这一概念，而被彻底微分了的建筑。

国立近代美术馆举办的"建筑在哪儿"展（2010）中，中村制作的"玉米地"令人大吃一惊。它是用纸制成的结构体，但看上去却像巨大的建筑模型。该作品高约1.8米，是一个16米×14米×8米的大型直角三角柱，边长14厘米的立体格子反复出现，连接着仅1毫米厚的纸棒。精密的激光加工的数码技术与久远流长的纤巧的手工制作相互融合，创造出了几乎如空气般体量的构造。在作品周围观察，会发现不同的视点，可以看到不同的网纹，如同动态的影像效果。这种超微细结构的设计可谓是为日本建筑开创了最先进的一个发展方向。

对卷起细波的建筑家的超越

2006年，伊东丰雄曾在中崎隆司所著的《隐隐相连的社会——见于31位建筑家的新空间诸相》一书中写了篇名叫《在无风的日本卷起细波的建筑家们》的宣传文案 (4)。被纳入这本书阵容的建筑家还包括藤本壮介、石上纯也、平田晃久、五十岚淳等人。伊东的言辞可谓辛辣，不禁使人想起曾将早川邦彦、相田武文、长谷川逸子、富永让及石井和纮等建筑家命名为"和平时代的野武士"的槙文彦。野武士即战国时代后期落魄无主的武士，这里指1941出生的后现代的一代建筑家，当然，伊东丰雄也包含在内。

事实上，在全球化的时代，弗兰克·盖里的毕尔巴鄂古根海姆美术馆与大都会建筑事务所（OMA）的中央电视台总部大楼等世界现代建筑更倾向于令人一目了然的动态图标式设计，在这种背景下，日本的纤细建筑可谓是微波涟漪式的设计。

在犬吠工作室展览会的开幕之际，如同过去槙文彦对野武士们的指摘，伊东指出了下一代建筑家对于建筑的应有态度。历史又再次重演，此次是伊东站在了槙文彦的立场上。而后野武士们登上了主流舞台，尤其是安藤忠雄和伊东那样已经在世界各地拥有了自己的项目，获得了不可动摇的地位。从"和平"到"无风"，从"野武士"到"卷起细波的建筑家

们"，这些词语直指21世纪初的年轻建筑家们。我们期待并注视着有人可以

从这种细细波澜中领先一步，掀起巨浪。

译者注

(1) 引自《SD》1998年4月刊。

(2) 五十岚太郎著《战争与建筑》，晶文社于2003年出版。

(3) 间画廊编《从空间到状况》，TOTO于2001年出版。

(4) 中崎隆司著《隐隐相连的社会——见于31位建筑家的新空间诸相》，日刊建设通信新闻社于2006年出版。

后记——311以后的建筑

在本书的撰写过程中，发生了311东日本大地震。

笔者从未经历过战争，此次大地震是我切身体会过的最大灾害。我无法像旁观者一样看待它而将自己置身事外。在我的工作地点东北大学的建筑楼受到了地震的严重冲击，被破坏得无法再用。为此我失去了研究室及教室中保管的大量书籍，以致被迫中断了这本书的写作。突然之间，本应理所当然享受着的环境消失不见了。这里所说的环境并非是指因海啸而失去家园，而是指我所面临的局势，也就是说东日本大地震使生活中的一部分发生了激烈的变革。在我再次提笔完成本书的过程中，总是在奔波着寻找学校以外的场所来开展研讨会，去借其他专业的教室来进行已推迟了一个月的授课。终于于7月份在其他校址确保了暂时的容身之处。如果没有这次地震，我想我会更早地完成本书。就在311东日本大地震不久，我们目睹了遭到海啸破坏的街道影像，整个建筑界一时失去了言语而陷入沉默。不久，各种活动开始同时展开。比如，把体育馆作为避难所，在其中修建间壁系统，针对临时性住宅的环境制定改善方案，通过专题研讨会提出多个复兴计划。同时，在笔者的研究室也开展了一系列在地震前从未考虑过的活动，比如关于南相马市临时性住宅区的集会场所的基础性设计，关于女川町坍塌大楼的保存计划都是从那时开始着手的。

针对灾后重建问题，世界建筑家伊东丰雄、山本理显、内藤广、隈研吾和妹岛和世五人将自己名字的首字母进行组合，结成了名为"归心会"的组织，他们比起"我"，更多考虑到的是"我们"，并由此带着社会性的意识去摸索建筑的存在方式。这就是从20世纪40年代到50年代出生的一代建筑家。此外，来自仙台的阿部仁史以及冢本由晴等20世纪60年代到70年代出生的建筑家还创建了名为"ArchiAid"的国际性支援网站。东日本大地震后所开展的活动要远远多于阪神大地震。

在东日本大地震不久，有目共睹的是，在紧要关头个人建筑事务所中的建筑家是不被信赖的。大建筑公司及土木系咨询公司具备尽快赶赴灾害现场的组织能力，然而个人事务所却很难匹敌那些公司的行动速度。尽管有众多日本建筑家活跃在世界上，但被自治团体正式委以复兴计划的却极为少有。他们的文化价值虽然得到了认可，但在都市设计方面仍然是被排除在外的局外人。当然，这些建筑家自身也并非全无责任。战后，在丹下健三及新陈代谢派的时代，建筑家们描绘出了宏大的未来构想，然而，在20世纪70年代以后，除黑川纪章等极少数例外，大多数人如同宣告从城中撤退的矶崎新那样，关于城市设计的言论确实在显著减少。如果平时没有相关的论说，灾害发生时才开始思考，那么即使立刻被委以重任，也很难去妥善地应对问题。正因如此，我认为311东日本大地震正是一个契机，可以使建筑家再次对都市计划及土木规模计划投以关注。此外，在复兴阶段，建筑家所具有的空间读写能力，也就是读取场所后提出杰出设计的能力可能会变得十分重要。

本书是以日本国民所共有的事件——太平洋战争为起点的，然而战后最大的危机东日本大地震使不会有终结的日常出现了断层，继太平洋战争后，再次将我们推到了久违的跌宕起伏之中。虽然它并不能改变建筑的所有，我个人也并不希望建筑变得千篇一律，然而当我们之后回顾时，它确实是一个转折点。本书就是乘着这样历史的机遇得以刊行的，成了从战后到东日本大地震的一部记录。

2011年8月于面朝大海的威尼斯宾馆